세계적인 여류화가로 촉망받던 이 현 정
넘쳐나던 끼를 억누르지 못해 다시 한 번
또 다시 성공을 창조한다.

>> 옛날에 옛날에는
배접지에 채색.
1991년 작. 50호.

그저 설정을 단순하게 옛날이
라고 해버렸다. 어느 시점도 없
다. 그러나 옛날 옛날 하면 어릴
때 이야기 듣던 그 상상이 재연
된다.
무척 무질서하고 혼란스럽고 뒤죽박죽인 듯한 머릿속 상상이다.
그러나 그 속에서는 다양한 색채들의 조화가 어느덧 만들어지고
상상의 동물들이 등장한다. 물씬물씬 피어오르는 구름은 나의 또
하나의 표현의 소구이다.

인기 아나운서로 성공한 **이현정**의

노무현 화술과 화법을 통한 이미지 변화

아나운서 **이현정** 지음

가림출판사

　지난 2002년은 국가적으로 굵직한 행사가 많아서 그에 못지 않은 허탈감과 느낌들이 많이 교차되곤 했다. 개인적으로는 두 번째 책을 발간하고 가슴도 졸였고 그에 따른 작고 큰 반응들에 감사의 마음으로도 가슴이 울렁거렸다. 강의를 하면서 많은 사람들이 말하는 것에 그토록 두려움을 갖고 있는 한편 잘 말하고 싶어하는 욕구도 생생하게 읽을 수 있었다. 매일매일 눈만 뜨면 마이크 앞에 서야 하는 아나운서로서 뭔가를 말해야 하는 압박감이 이제는 타성에 젖은 듯할 차에 나에게 책을 쓴다는 작업이 또 다시 새롭게 다가왔다. 말이라는 중압감에 적응되면서 오히려 글을 쓴다는 작업이 또 다른 두려움으로 나를 내리눌렀다.

　확실히 말과 글은 너무나 달랐다. 말하고자 하는 바를 표현한다는 것에서는 똑같을지 몰라도 그 과정과 결과는 너무나 달랐다. 나 자신의 느낌까지도.

　여성들의 화술·화법을 내놓고 여성에 대한 업그레이드나 화술들에 온통 관심을 쏟고 있던 중 월드컵이 찾아왔다. 서로 미친 듯이 소리소리 질러대면서 감정의 찌꺼기까지 쏟아 내버리듯 모두가 속 시원히 토해냈다.

월드컵의 흥분이 가라앉으면서 이번에는 제16대 대통령선거에 온 시야가 좁혀졌다.

뭐 눈엔 뭐만 보인다고 … 나야말로 그랬다. 어떤 후보가 내 맘을 후려칠 만큼 언어 구사를 잘하느냐가 나의 관심사였으니 말이다. 사람마다 이목구비가 똑같지만 같은 얼굴은 없듯이 입 하나로 똑같은 언어를 쓰면서도 백인 백색인 것이 바로 말이기 때문에 사람의 만남은 항상 새로울 수 있다. 각종 핑크빛 공약들은 안중에도 없었다. 여러 다양한 상황에서 얼마만큼 자신을 소화해 내며 분위기를 이끌어 내느냐를 지켜보는 것도 쏠쏠한 재미가 있었다. 노무현 후보의 어눌한 말투는 처음엔 답답하기까지 했다. 혹시 충청도를 겨냥한 액션(?)으로까지 생각될 정도였으니 말이다. 이회창 후보의 칼날같이 절도 있는 말솜씨에서도 뭔가 풀어줬으면 하는 강한 소망을 담은 채 바라봐야 했다. 정몽준 후보의 산만한 언사는 그의 외모와 잘 맞아 떨어지지 않은 것이 또한 아쉬움으로 남았다. 이런저런 불평과 불만은 누구나 하기 쉽다. 그러나 당사자는 그러한 단점을 고쳐나가며 하루하루 값비싼 시간을 보내야만 했다. 그것만으로도 다들 대단해 보였다. 우리 선거 역사상 처음으로 문을 연 미디어선거전은 그래서 볼 만 했고 최초라는 의미를 내 눈과 의식에 담아두기 위해 열심히 보았다.

우리에게 화술과 화법에 대한 관심도가 이제 겨우 고개를 드는 듯한데 서구의 쇼를 모방하듯이 지도자를 뽑는 과정도 똑같이 따라 할 수만은 없는 노릇이다. 무엇이든 처음에는 모방으로 시작한다고는 하지만 우리만의 색깔을 찾아 나서야 한다는 성급한 재촉이 내 가슴속에서 불끈 일어나기도 했다.

말에 대한 관심이 점차 높아지는 것만으로도 사실은 무척 다행스럽고 반가운 일이다. 한마디 말에 대한 신중함에 서로가 예민해지는 것이 느껴졌기 때문이다.

이런저런 생각주머니만 채운 채 사람 그 자체를 연구하는 많은 학자들과 학문들을 무시하고 말에 대한 관심만으로 노무현 대통령에 대한 화술에 눈을 돌렸다.

지도자가 언급하는 한마디는 조직의 움직임에 지대한 영향을 준다. 시대의 수많은 리더들과 지도자들을 위한 자그마한 끄적임으로 지면을 메우고자 한다. 더불어 앞으로 펼쳐질 많은 일들을 노무현 대통령은 어떤 말로 어떻게 해결해 나아갈 것인가 재미있게 봐갈 것이다.

그냥 가슴속에 담아둔 노무현 후보에 대한 어렴풋한 관심이 우연히 만난 박인옥 님에게 발각되면서 찬밥에 물 말아 먹듯 후딱 문자로 남겨 버린 우를 저지르게 되었다. 이렇게 갑작스런 반란에 가림출판사 이선희 차장은 이상하리만큼 조용히 받아주었다.

혼란스러웠을 주변의 모든 분들께 감사의 마음을 미약하게나마
글로 남긴다.

2003년 3월
이현정

제1장 노무현의 화술과 이미지변화

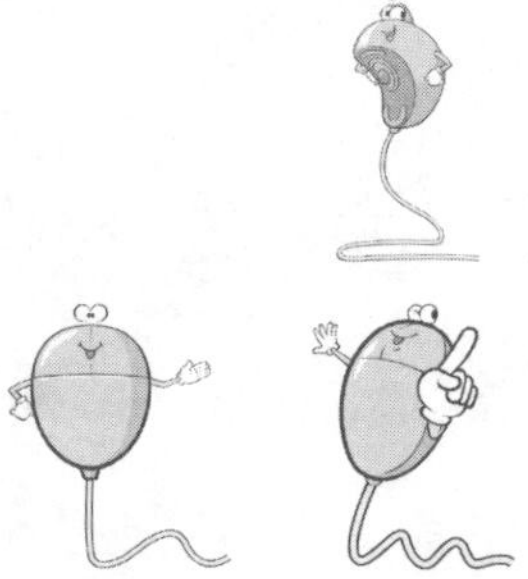

제2장 지도자의 화술화법을 익히자

제4장 앞으로 추구해야 할 리더들의 화술 과제

제5장 대중을 사로잡아야 하는 화술

노무현의 화술과 이미지변화

완벽함 대 인간적임의 대결
점층적인 반복법으로 강조의 효과를 내뿜는다
템포가 일정하고 단어와 단어 사이에 리듬감을 준다
'~습니다. ~ 입니다'로 끝을 맺는다
음폭이 넓고 음의 속도가 안정감을 준다
가식을 배제하고 진솔하며 대중 설득력이 있다
논리적이고 열정적이며 전제나 단서, 비유가 많다
투박한 질그릇 말투는 유머인가 막말인가
노무현 대통령은 배워야 한다

완벽함 대 인간적임의 대결

제16대 대통령선거는 미디어선거전이었다. 미디어, 특히 TV를 통해 보여지는 모든 것들이 투표의 방향을 결정지어 버렸다. 아니 당연한 과정이었고 귀결이었다.

무엇이든지 하나일 때는 그 빛을 보이지 않지만 둘 이상의 대상이 있게 되면 극명하게 비교되어 여실히 보여지게 되어 있다.

정몽준 후보와 노무현 후보의 후보 단일화를 위한 TV 토론회는 이 두 사람의 차이점을 극명하게 보여주는 단적인 사례가 되었다. 쏘아붙이듯이 톡톡 내뿜는 말투의 정몽준 후보에게 노무현 후보는 그 예전의 청문회 때 보여줬던 날카

로운 칼날을 보이지 못했다. 안타깝게도 밀리는 듯 했다. 어찌 해야
할 바를 모르는 듯한 느려 터지는 듯한 답답함까지 느껴져 왔으니 말
이다.

"완전히 밀리던데? 옛날 노무현이 아니야." 이런 평이 서슴없이 쏟
아져 나온 것도 무리는 아니었다. 표준어 구사에 속도감 나는 정몽준
후보의 말씨에 시골 촌놈이 주눅 들린 듯한 모습으로 딱하게 보였다.
　그러나 국민 대다수는 그런 그를 더 푸근하게 바라보았다. 다음날
그 결과가 말해 주었다. 정책, 이런 거 잘 모르지만 뭔가 인간적인 것
에 끌렸다는 사람이 대다수였다.
　인간적이라는 것은 대단한 무기이다. 신뢰감과 친숙함 그리고 다
가갈 수 있는 여지가 충분히 살아 있다는 냄새를 팍팍 풍기기 때문
이다.
　사실 스피치라는 훈련은 자신의 완벽을 기하는 데에 주안점을 두고
나가는 것에 있기는 하다.

더구나 물 샐 틈 없는 치밀한 말솜씨를 우리는 언뜻 "말 잘하네."
로 규정하고 있다. 그것이 미국식 스피치 교육에서 온 버터냄새 나는
것이라는 데에 우리는 다시 한 번 생각해 봐야 한다. 우리는 우리말
로 하는 스피치를 연구해야 한다.
　사람들을 멋지게 K. O. 시켜 완벽하게 승리하는 것에 주안점을 두

어서는 그리 환영받지 못하는 것이 우리네 정서다.

인사 잘하고 제때 말 잘하고. 이론적으로는 맞는 이야기일지라도 사람과 사람이 만나서 파생되는 여러 가지 감정적인 면과 심리적인 면 그리고 상황적인 면을 복합적인 양상에 대입해보면 이론이 전혀 맞지 않을 때가 오히려 많이 생기게 마련이다.

내 친구 중에는 혼혈아가 있다. 어릴 때부터 우리나라 초등학교를 다닌 탓에 얼굴은 외국인이지만 습관과 언어는 완전 토종 한국인이다. 더구나 내성적이고 수줍음을 많이 탄 그 애는 평소에도 별로 말이 없었다. 그러던 중 세월이 흐르고 오랫동안 미국 유학생활을 하고 다시 귀국했다고 해서 만났는데도 달라진 것은 별로 없는 듯 했다. 한국음식, 특히 학교 다닐 때 먹던 분식을 아직도 좋아했고 빵도 미국식 빵보다는 한국의 찹쌀 도넛을 더 좋아했다. 여전히 수줍음은 잘 타고 내성적인데 달라진 것은 미국식 인사법이 몸에 밴 것이었다.

뭘 해도 "고마워." 어디를 가도 누구한테나 "감사합니다.", "고마워.", "감사합니다."….

은근히 부담스러워졌다. 이럴 때 영어처럼 "You're welcome!"이 자연스럽게 나와 주는 것도 아니고, 그것도 우리말로 되받아칠 수도 없고. 시도 때도 없이 "고마워." 하는 게 나중엔 싫었다.

제과점에 가서 "단팥 빵 주세요." 하면서도 점원에게 연신 감사, 감사 하는 게 아닌가. "미국 사람이 한국말을 어째 그렇게 잘한다요?"

하니 "하하, 감사합니다.", 빵을 골라 줘도 "아, 감사합니다.", 포장을 해 달래서 해주니 "어머 감사합니다.", 돈을 거슬러 줘도 "감사합니다." … 점원도 처음엔 흐뭇한 미소를 지으며 "네. 네." 하며 맞받아 주다가 나중엔 물끄러미 쳐다보는 것이었다. "근데 뭔 인사를 그렇게 한대요?"

우리네 화법이다. 뭔가 부족한 듯하지만 상대방의 의미를 마음으로 받아들이는 것. 사실 우리는 논리적으로 정확하게 표현하는 것에 두루뭉실해 왔다.

오해 생기지 않도록 정확하게 전달할 수 있는 능력을 키워야 한다.

청산유수라는 것이 말 잘하는 것을 가리키는 것은 아니다. 사실 엄밀히 말하자면 말이란 한 번 나오면 다시 주워 담을 수 없는 것이기 때문에 말이 많은 사람은 그만큼 위험요소를 안고 있는 셈이다. 물 흐르듯이 좔좔 쏟아 내는 말꾼은 그야말로 '꾼'일뿐이지 감동을 주지는 못한다. 남을 현혹시키거나 순간 부러움을 사는 일은 가능할지 몰라도 뒷맛은 씁쓸하다.

당시 노무현 후보의 최대 강점이라는 이 인간적인 솔직함은 일단 국민들한테 잘 보여졌고 인정받은 셈이다. 그의 화술이 '끝내 준다' 라는 것은 절대 아니다. 거칠고 솔직한 반면 잘 다듬어야 할 필요가 다분히 있기 때문이다. 그러나 그가 풍기는 말의 분위기와 냄새 그리고 향기는 단지 그만의 것이기 때문에 존중하는 것이다.

기계적이고 학습적인 완벽함은 한 사람에게조차도 감동을 주지 못한다.

대학을 졸업하자마자 나는 영어 관광가이드 시험을 본다고 공부하러 다닌 적이 있었다. 어떤 시험이든지 예상문제라는 것이 있기 마련이어서 줄줄 외우며 다녔다. 외우고 또 외우고 해서 갑자기 누가 묻더라도 얼른 답이 튀어나올 수 있을 정도로 영어문장을 외웠다. 물론 다른 예상되는 사례가 없을 수 없으니 이를 응용하라는 것이 주안점이긴 했지만 기본적인 문장들만 외워 두면 얼마든지 활용이 가능할 것 같아 속 편하게 그렇게 해버렸다.

시험 당일이 되어 떨리는 가슴을 부여잡고 초조하게 내 순서를 기다렸다.

시험은 필기고사가 아니라 면접 보듯이 시험관과 1 대 1로 마주보고 앉아 회화를 하는 것이었다. 역시 예상대로 비슷한 문제를 물어오는 시험관. 그는 안경 너머로 내 얼굴을 물끄러미 쳐다보더니 넌지시 아주 작은 목소리로 영어로 뭔가를 물었다.

'앗싸. 바로 이거야. 내가 외운 거지.' 회심의 미소를 띠며 자신만만한 얼굴로 좔좔 수돗물 틀어대 듯 내뱉었다. 그 시험관은 또 한 번 내 얼굴을 쳐다보더니 다른 질문을 해 왔고 나 역시 신나게 줄줄 토해내 보였다. 이런 식으로 몇 번을 계속하더니 됐다는 것이다. 얼마나 신이 나고 좋던지 벌써 1차 관문을 통과한 기분이었다.

'그래. 난 막힘이 없었어. 떨어질 리가 없지. 와! 신난다.'

그러나 며칠 뒤 결과는 엉뚱하게도 그 반대였다. 이리저리 수소문해서 알아보니 기계식으로 외워 봤자 외국인들에게 감동을 줄 수 없다는 것이었다. 그리고 그렇게 줄줄 외운다고 다 해결되는 것도 아니고 외운 것을 발표하는 자리도 아니라고 딱 잘라 말하는 것이었다. 그때 뒤통수를 한 대 얻어맞은 느낌은 지금도 생각하면 아찔하다.

인간적인 면. 약간 주춤거리고 더듬거려도 바로 그 상황에 그 사람에게서 맡을 수 있는 향기는 그 누구도 흉내 낼 수 없음을 알아야 한다. 학습된다는 것은 이러한 자기만의 인간적인 면에 더욱 세련된 맛을 가미할 뿐이지 학습 그 자체가 되어서는 좋은 결과라고 할 수 없다.

정치인으로서 지극히 인간적이라는 것과 솔직하다는 것은 어찌 보면 어불성설일 수도 있다. 평생 평행선으로 갈 수밖에 없는 것 같다. 솔직히 당시 노무현 후보의 솔직함에 주변 참모들이 조마조마해 했다는 말은 많이 들어 왔다. 그의 툭 튀어나오는 말에 어찌할 바를 모르겠다는 호소도 쉽게 들을 수 있었다.

이회창 후보가 관훈클럽 초청 토론회에 나가 옥탑 방을 모른다고 하자 다들 놀라 자빠질 듯 했다. 그것은 이회창 후보의(역시 감추지 않은) 솔직함에 놀란 것이 아니라 '저런, 서민을 등지고 있어도 유분수지. 오늘에야 극명하게 드러난 것이야. 이제 서민 표는 우리 것이다.' 라고 민주당은 기쁨에 어찌할 줄 몰랐던 것이다.

이 사실을 참모들이 노무현 후보에게 보고했던 것은 자명한 일이었다.

하지만 그 다음날 KBS 라디오 모 프로그램과의 전화 인터뷰에서 "옥탑 방요? 저도 몰랐습니다."라고 한 노무현 후보의 말은 민주당 쪽의 모든 사람들을 다른 각도로 다시 한 번 놀라 쓰러지게 만든 발언이었다. 순수한 것인지, 순진한 것인지, 뭘 모르는 것인지 노무현 후보의 말은 이렇게 계산 없는 솔직함이었다 .

그러나 이러한 해프닝이 외교적인 면에서는 큰 마이너스로 작용할 수 있다는 것이 주된 여론으로 다가왔다. 그렇지 않아도 노무현 당선자에 대한 반감이 짙은 미국에서는 취임식을 하기도 전에 이렇게 평가를 내렸다. "노무현은 새로운 유형의 정치인이며 다변(多辯)인 운동가라고 평가하고 대다수 기성세대들은 그의 매력과 소탈한 스타일이 소득 재분배와 대기업 족벌 왕조들에 대한 공격을 포함한 열정적인 국내 과제들을 숨기려는 사탕발림이라고 본다."

이것이 '노무현 대통령의 위대한 것이다' 라고 하는 것은 아니다. 장점이 있으면 단점으로 받아들이는 사람들이 있게 마련이기 때문이다. 하지만 대의적으로 봤을 때 그의 이런 면은 국민을 움직이게 하고 감동을 주기 위한 초석이 된다는 데에는 부인할 수 없을 것이다. 그의 서민적인 이미지는 여기서 언급한 여러 가지 요인들이 작용하면서 그의 외형적인 것 역시 그의 특징을 더 잘 말해 줬다. "옷? 그냥 걸치면 옷 아이가?" 식이다. 좀 더 멋져 보이게 하고 자연스러운 매력을 발산하기 위한 후보들 간의 경쟁이 극에 달하는 가운데 노무현 당선자는 이랬다. 문성근 씨가 옷이 촌스러우니 조지 아르마니를 입으라고 적극 권했으나 "그게 뭐꼬?"라고 무시해 버렸다.

주변의 요란스런 옷에 대한 권유에 그는 무관심으로 일관했다. 있는 그대로 보여주면 되는 것 아니냐는 것이 바로 옷에 관한 입장이었으니 좋게 말해 자연미를 주장한 셈이다. 완벽함과 인간적임 사이에는 과연 무엇이 있을까?

점증적인 반복법으로
강조의 효과를 내뿜는다

한 개그맨이 노무현 대통령의 화법을 흉내내어 많은 사람들이 재미있게 따라 하고 자꾸 보고 싶어한다. 더군다나 노무현 대통령을 따라 하는 그 개그맨도 서러웠던 무명의 시간을 벗어버리고 일약 대스타의 반열에 오르기까지 했으니 대단한 아이템이 아닐 수 없었던 것이다.

일단 노무현 대통령은 경상도 사투리가 아주 심하다. 그것도 경상남도이니 경상북도보다 더 거칠다. 말의 높낮음이 무척 크기 때문에 마치 바다의 물결이 일렁거리듯 노무현 대통령의 낮았다 높았다 하는 어투의 파도는 충분히 따라 할 만한 소재가 되기는 한다. 그러나 가장 눈에 띄는 것은 말의 점층적인 반복에 있다.

그의 설득력은 오래 전부터 정평이 나 있는 상태다. 어떻게 해서든지 상대방에게서

동의한다는 말이 나올 때까지 그는 말하고 또 말한다. 그리고 끝내 설득시킨다.

가장 강한 그의 화술일 수 있다.

그의 반복화법은 특이점이 되어 나타난다.

그러나 개그맨이 모사하는 반복화법은 이러한 설득을 위한 반복이 아니라 사투리를 감추기 위한 데서 나오는 반복법이다.

보통 사투리가 심한 사람이 사투리를 감추려 하거나 가급적 표준어에 가깝게 사용하려고 할 때는 단문을 주로 쓰게 된다. 문장이 짧을수록 사투리가 그리 심하게 나타나지 않기 때문인데, 그러다 보니 자기가 주장하려는 것이 짧게 토막쳐 버릴 것 같아 단문이라도 자꾸 반복하게 되는 것이다.

● 맨날 당을 장악했느냐, 안 했느냐 그래

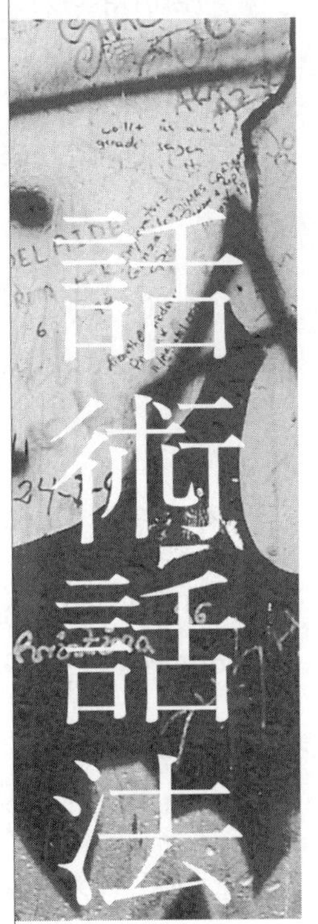

요. 내가 왜 당을 장악해요?

● 장악해서도 안 되고 앞으로도 할 수도 없어요.

● 할 수도 없습니다.

● 합리적으로 서로 협조 받으면 되는 거니까.

● 그러나 합리적인 협력 관계는 일을 중심으로 하면서 형성되는 것 아닙니까?

● 그래서 나는 지금 일을 가지고 사람들을 엮어 나갑니다.

● 구체적인 과제 하나가 생기면 그것으로 의원들을 만나게 되고

● 그러면서 인간관계가 형성되고

● 이러면서 일이 진행되어 갑니다.

● 협력 관계는 그렇게 해서 점차 높아져야 하는 것이지요.

이렇게 점진적인 설명이 그의 단골화법인데 앞의 문장(내가 왜 당을 장악하느냐?)을 다시 한 번 또 뒤에서 강조한다.

● 지금 당장 날더러 장악력이 있니 없니 하냔 말이에요.

● 뭘 장악한단 말입니까?

● 어떻게 장악해서 어떻게 장악력이 생길 수 있으며,

● 왜 필요하며,

● 실제로 장악력이 아무렇게나 가능한 것인가?

● 그래서 내가 이야기한 것이 "내 주변의 인식들과 싸우는 것이

가장 힘들 것이다." 이렇게 말한 겁니다.

그리고 다시 한 번 강조한다.

● 나는 장악력이 없습니다.

● 장악할 생각도 없고

● 여러 가지 일들을 죽 구상하고 일을 만들어 갑니다.

그의 점층적인 화법은 사실 미리 짜여진 각본에서 만들어진 것은 절대 아니다. 그리고 또 그렇게 미리 짜여질 수도 없다. 노무현 대통령의 화술은 즉흥성과 애드 리브이다.

그것이 그의 힘이고 꾸밈없는 야생화 같은 매력이다. 그는 물론 미리 작성된 원고를 들고 있다. 그리고 앞으로도 그럴 것이다. 하지만 그것을 뼈대로 해서 그 당시 상황에 맞게 응용하는 신통한 능력의 소유자이다.

반복, 반복 역시 그의 애드 리브 중의 하나다. 언어와 단어 구사력이 뛰어나기 때문이다.

노무현 후보의 일본 신문사의 논설위원과 면담시의 일이다.

남북문제와 관련해 햇볕정책에 대한 평가를 어떻게 계승하고 추진할 것인지에 대한 답변이다.

● 대체로 김대중 대통령의 대북정책의 핵심은

- 대화, 개방의 유도 그리고 신뢰. 이렇게 말씀드릴 수 있습니다.
- 그러니까 다시 말해,
- 네. 어떤 경우에도 전쟁은 절대로 안 된다.
- 대화로 문제를 풀자.
- 그 다음에 상당히 좋은 방법은 북한을 개방으로 유도해 가자.
- 이것이 김대중 대통령의 대북정책의 핵심적 기조라고 생각합니다.
- 저는 아주 좋은 정책이라고 생각합니다.

이렇게 그는 반복법으로 풀어서 말해 주길 즐긴다. 사실 듣는 사람들이 편안하게 들을 수 있게끔 해주는 그만의 배려일 수도 있다.

그는 가능한 한 풀어서 설명해주길 좋아한다. 의미의 반복적 습관은 그의 강한 설득력을 위한 방법이기도 하다.

또한 KBS 라디오 모 프로그램에서의 인터뷰 내용을 잠깐 엿들어 보자.

이익치 씨의 진술에 대해 공작이 있을 수 있다고 생각해 본 적이 있느냐는 질문에

- 자꾸 공작 공작하는데 공작이냐 아니냐가 중요한 것이 아니라 진실이 중요한 것입니다.
- 진실이 중요한 것입니다.

- 언제든지 이런 진실이 나오는 데는 그 뒤에 감정이 있고 이해관계도 있고
- 고소·고발에는 항상 감정과 이해관계가 따라가는 것입니다.
- 따라가는 것인데 그것은 불법이 아니면 상관이 없습니다.
- 그것은 따질 것이 아니고 진실이 없으면 공작도 없는 것입니다.
- 나한테는 아무도 공작을 하지 않지 않습니까?
- 공작이다 아니다 이것이 중요한 것이 아니라
- 진실이 중요한 것입니다.

그의 반복은 단어의 반복도 반복이지만 패턴과 리듬이 반복되면서 듣는 사람에게 안정감을 준다는 데에 더 큰 의의가 있다. 자기가 설명하려는 반복을 더 보충하기 위해 실례를 드는 경우도 함께 따라다닌다. 그는 즉각 즉각 실례를 펼쳐 보임으로써 자신의 입지를 더욱 단단하게 다지는 것이다.

노무현 후보의 Radio Roh.com과의 인터뷰에서 보면, "지금까지의 협상에서 보면 여러 가지 시한을 두고 자꾸 넘기게 되는 불안함이 있다."는 말에,

- 그렇게 되지는 않을 겁니다.
- 어떻든 국민이 요구하는 것을 정치인들이 받아들이는 자세가 중

요합니다.

- 성의를 가지고 자기가 주장한 대로 성실하게 국민들이 판단한다고 봅니다.
- 말하자면 자기에게 유리한 고지를 잡기 위해서 적당하게 한다든지
- 남의 당을 흔들기 위해서 성의 없이 내놓은 것이라든지
- 이런 것에 대해서는 국민들이 평가를 하고 …
- 그러니 그렇게 되지는 않을 것입니다.

경상도 스타일은 순서와 절차가 무시되고 생각나는 대로 털어내듯이 말해버린다. 그래서 말에 두서가 없으며 중구난방이기 쉽다. 그러나 솔직한 면이 사람을 감동시키곤 한다.

아무튼 생각나는 대로 말하기 때문에 앞과 뒤의 맥이 이어지지 않을 경우가 많아서 듣는 사람은 새겨들어야 할 것이고 자칫 잘못하다간 오해를 부르기 십상이다. 노무현 후보의 스타일이 바로 이런 점에 있어서 오해를 잘 샀다.

템포가 일정하고 단어와 단어 사이에 리듬감을 준다

템포가 일정하다는 것은 상당히 안정감을 준다는 것이다. 듣는 사람들이 고개를 끄덕일 수 있게끔 만들 수 있다. 그와 맥을 같이 하는 것이 리듬감인데 노무현 대통령의 말은 단어와 단어 사이에 리듬감을 느낄 수 있기 때문이다.

노래에서도 흥겹게 따라 부르기 쉬운 것이 템포와 리듬감이다. 친숙해지고 입에 착착 달라붙는 노래는 거의 습관적인 자기화가 되기에 충분하다.

민요나 가요에서 우리가 친숙하게 느껴지는 부분이 바로 이 점이 있기 때문이다.

그런 점에서 노무현 대통령의 템포와 리듬은 다분히 민요적이다.

민요는 반복을 주안점으로 두고 있다. 일정한 박자의 리듬 패턴을 반복하는 형태로 밟아나가고 있다. 또한 이런 민요의 특징은 어수룩하지만 정이 뚝뚝 흘러넘치는 파동을 느끼게 해준다. 민요는 한 민족이 살아온 삶의 모습과 과정이 노래로 고스란히 스며 있기 때문에 생활 공동체적 정서와 자연발생적 성격을 갖고 있다.

어디로 갈거나 어디로 갈거나 갈 곳은 없는디
어디로 갈거나
허어 허어 어으 어허허
어디로 갈꺼나아

어린 자식은 두르박에 밤 주워 담듯 하고
큰놈은 밥 달라고 조르고 즉은 놈은 젖 달라고
조르고
세상 못 살 것네 영감아 땡감아 날 다려가소
에헤에헤 어허허 어허허 허어

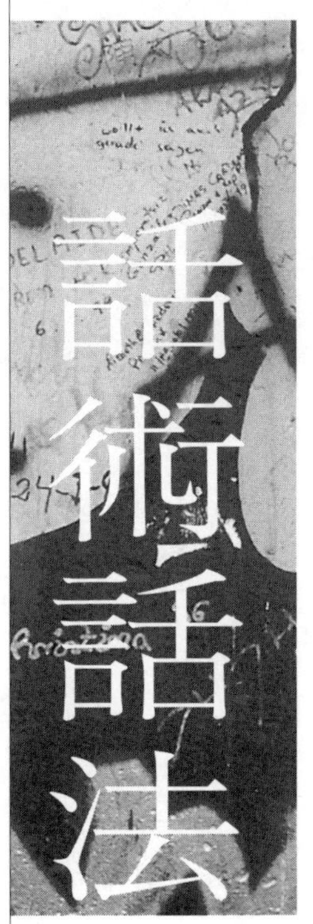

전라도 김제에서 부르는 〈산야소리〉 중의 한 부분이다.

우리나라에는 가장 대표적인 민요로 세계적인 아리랑 시리즈가 있다.

강원도에서는

● 아리아리 쓰리쓰리 아라리요. 아리아리 얼씨구 노다 가세

정선아리랑에서는

● 아리랑 아리랑 아라리요. 아리랑 고개로 날 넘겨주게

밀양아리랑에서는

● 날 좀 보소 날 좀 보소. 날 좀 보소
● 동지섣달 꽃 본 듯이
● 날 좀 보소
● 아리 아리랑 쓰리 쓰리랑 아라리가 났네

리듬과 반복의 패턴도 그렇지만 민요가 가지고 있는 낙천적인 내용과도 노무현 후보의 연설은 일치하는 점이 많다.

● 저는 처음부터 돈과 조직에 있어서 열세였습니다.
● 저는 계보가 없어서 이기기 어렵다는 말을 들었습니다.
● 사람이 없어서, 조직이 없어서 어떻게 이기겠느냐고 지적도 받

았습니다.

● 일부 언론에서는 융단 폭격을 받았습니다.

● 근거 없는 사실들로 모략을 받기도 했습니다.

● 그리고 색깔 공격도 받았습니다.

● 그러나 이 모든 공격으로부터 여러분들은 저를 지켜주셨습니다.

노무현 후보가 서울 지역 경선에서 승리한 직후 발표한 즉석 당선 소감이다.

반복적이고 비슷한 패턴으로 사람에게 감동을 주기에 전혀 부족하지 않다. 자신이 성공하게 된 경위를 죽 나열하는 방식을 그는 어디에서도 잊지 않는다.

이어진다.

● 저는 원칙을 지키려고 노력했습니다.

● 정도를 걸어가려고 노력했습니다.

● 앞으로 법을 지키고 성실히 땀 흘려 일하는 사람들이 정정당당하게 경쟁하고

● 그렇게 승리한 사람이 대우받는 사회를 만들기 위해서

● 그와 같은 반듯한 사회를 만들기 위해서

● 최선을 다할 것을 약속드립니다.

● 최선을 다하겠습니다.

다시 한 번 그의 말을 귀 기울여보자.

서울 외신기자클럽 초청 간담회에서 연설이 끝나고 외신기자들의 질의응답에 다소 신중하게 답변하는 모습이었는데 그 중 김대중 대통령 때와 같이 노 후보도 인권대통령, 국민을 위한 대통령이 된다고 했는데 그간 5년간 인권상황이 별로 좋아진 것이 없던 것 같다. 이 점에 대해 얘기해 달라는 질문이었다.

- 저는 인권상황이 진전되지 않았다는 주장에 동의하지 않습니다.
- 상당한 진전이 이루어졌습니다.
- 국가인권위원회도 만들어졌습니다.
- 그럼에도 구속자가 발생하는 것은 과거 반독재시절 노동운동 하던 사람들이 실정법에 저항하는 것이 정당하다는 관념이 남아 있고 아직 보수적인 견해들이 남아 있어서 그렇다고 생각합니다.
- 저는 이 문제에 많은 경험이 있습니다.
- 노동자들의 생각과 체질을 잘 이해하고 있습니다.
- 기업하는 사람들의 체질도 잘 이해하고 있습니다.
- 노사관계를 중재해본 경험도 있습니다.
- 대화를 통해 갈등을 해결하도록 노력하겠습니다.
- 노동자들이 실정법에 저항하지 않도록 예방하겠습니다.

후렴조의 강한 반복이 이어지면서 그의 주장을 펼치는 연설과 대화법을 갖고 있는 것이 특징이다.

'~ 습니다.
~ 입니다'로 끝을 맺는다

"맞습니다. 맞고요." 이제는 유행어가 되어 버렸다. '~ 습니다'로 말을 끝내기는 그리 흔한 것은 아니다. 보통은 '~ 구요. ~ 지요. ~ 거든요'가 평이하게 쓰인다. 더구나 경상도 사투리에서의 어미에는 이런 '~ 습니다'는 자주 나타나지 않는다.

보통은 '그라요. 그랑께. 그라요? 그렇습더' 이 정도일 뿐이다.

의식용 어투인 '~ 습니다'는 표준어에서의 일상용어로서도 딱딱하게 느껴지기 쉽기 때문에 가급적 피하는 것이 요즘의 추세다. 사실 '~ 습니다'로 어미를 마치는 것은 대단히 힘든 표현이다.

음악 프로그램을 진행할 때나 일반 교양 프로그램을 진행할 때에도 대개는 '~ 습니다' 형은 그리 많이 쓰지 않는 추세다. 잘못하다가는 뉴스 식으로 돌변하기 때문에 특히

프리랜서 진행자들보다 뉴스를 하고 또 해야
만 하는 아나운서들도 '~ 습니다'를 기피하
는 현상이 있다.

　　대외적인 연설이 많고 많은 대중을 이끌어
가야 하는 노무현 대통령의 위치상 '~ 습니
다'가 몸에 밸 수도 있겠다 싶다.
　　그런데 '~ 습니다' 형이 반복된다는 데에
는 앞에서도 언급했듯이 가급적 사투리를 보
이지 않으려는 의지로 보이며 그러다보니 단
문으로 성이 차지 않는 노무현 대통령은 반복
형태를 사용하는 것이다. 그래서 경상도 사투
리에서도 이상한 억양이 나오게 된 것이다.

　　"네, 노무현이 대통령이 되야 합니다. 맞습
니다. 맞고요~."
　　이렇게 '~ 습니다' 형으로 강한 맺음을 하

면서 뒤에 다시 한 번 강조의 꼬리를 붙이고 만다.

흔히 서울 사투리라고 하는 '~ 구요'는 말 그대로 표준어는 아니다. 우리가 글로 쓸 때와 평상시 말로 할 때 다르게 표현하는 것이 많은데 이것이 바로 그 예이다.

분명히 '~고요'가 맞다. 하지만 이렇게 말하면 한글을 떼고 처음 책을 읽는 유아의 읽기식 표현으로 귀엽고 순진해 보인다. 아무튼 노무현 대통령의 '~ 습니다. ~고요' 형은 충분히 개그의 소재가 될 수 있다.

"안녕하십니까? 저 노 통장 맞습니다. 맞고요~. 새해를 맞이하여 다들 복 많이 받으십시오. 제가 전화를 받을 때까지 잠깐만 기다려주십시오. 전화 끊으시면 저한테 맞습니다. (실제로 때린다. 찰싹) 맞고요~."

"선생님이 이렇게 뭐든지 받으려고만 하면 맞습니다. (실제로 때린다) 맞고요."

개그의 묘미는 이런 데서 우러나온다.

● 햇볕정책이라는 명칭이 좀 문제가 있는 것 같습니다. 문제가 있고요.

일련의 이런 그의 말투는 자기가 실행해야 할 일들이 곧 실현될 수 있다는 확신을 주는 분위기를 풍긴다. 듣는 사람들의 가슴을 파고드는 연설에 대한 재능을 이런 부분에서 읽을 수 있다.

그는 '~ 습니다' 형답게 연설도 그렇고 대화도 그렇고 간단명료하다. 주로 단문을 사용한다. 단문을 쓰되 상대방이 자기의 말을 충분히 납득하고 알아들을 때까지 집요하게 반복한다.

그의 애드 리브는 인정해줄 만한 것이 '~ 습니다'로 금방 끝나버리는 그의 표현을 부풀려 주고 강조할 부분이 있으면 반복과 사례를 활용하는 것이다.

예를 들어 연설하는 데 갑자기 컴퓨터가 눈에 띈다 하면 이 컴퓨터를 소재로 사례를 들어 자신의 소신을 강하게 피력할 줄 안다.

노무현 대통령당선자가 되고 나서 내외신 합동기자회견에서의 일부분이다.

구체적인 국민통합의 방안이 있으면 말씀해 달라는 기자의 질문에,

- 어떤 정책과 전략은 참 좋은 것입니다. 좋고요.
- 더 중요한 것은 존재의 조건입니다.
- 노력하면 해나갈 수 있습니다.
- 상대진영의 열심히 한 노력, 이런 것들의 결과로서 나타난 것입니다.
- 그러나 그러면서도 조금은 달라지지 않았습니까?
- 앞으로 여러분들과 함께 열심히 노력해 나가겠습니다.

● 장벽을 허물겠습니다.

● 그리고 극복해 나가겠습니다.

또한 과거에 있어왔던 인위적인 정계관계에 대해 그렇게 하실 것인지 입장을 밝혀달라는 기자의 요청이 있었다.

● 그런 일은 없을 겁니다. 없을 거고요.

● 과거의 경험과 기억을 가지고 아마 오늘을 해석하려는 경우도 있고 오늘의 현상을 그렇게 분석합니다.

● 그런데 저는 대통령의 힘으로는 정계개편을 할 힘이 없다고 봅니다.

● 그렇게 보고요.

● 이제는 대통령이 소신 있는 정치인을 이렇게 움직인다는 것은 불가능한 시대로 이미 왔다고 생각합니다.

● 왔기 때문에

● 대통령은 정계개편을 할래야 할 수도 없다.

● 시도하다가 오히려 역풍을 맞고 큰 낭패를 볼 것이다.

● 저는 그렇게 생각합니다.

● 그래서 저는 가능하지도 않거니와 할 의사도 없습니다.

이어서 추가적인 설명을 할 때의 노무현 대통령당선자의 발언이다.

(중략)

● 확고한 의지를 가지고 우리 경제의 활력이 죽지 않도록 최선을

　다하겠습니다.

● 최선을 다하겠고요…. 그 점 정리해 드리고 싶고요.

● 재벌문제에 대해서도 우려가 없도록 방향을 잡아나가겠습니다.

● 시장의 개혁이 뒤로 후퇴하는 일은 절대로 없을 것입니다.

● 조금씩 조금씩 개혁의 방향으로 나아갈 것입니다.

● 말씀드리고 싶습니다.

대한여약사회 연설에서도 그의 '〜습니다' 는 여전했다.

(중략)

● 말은 이렇게 하면서도 속은 탑니다. 속은 탑니다.

● 무엇이 잘못된 것인지 명확하게 말씀드리겠습니다.

● 많은 불편에 대해 시정하겠습니다.

● 이 입으로 두 말 하지 않겠습니다.

● 그리고 성분명, 조제 이거 허용해야 됩니다.

● 많은 약국들이 문을 닫지 않았습니까?

(박수가 터진다.)

'~ 습니다'가 워낙 몸에 배어서인지 하는 족족 똑같은 어미처리이지만 그리 지루하지는 않다. 그는 원고가 있음에도 단상에 있는 원고를 내려다보지 않는다. 그것은 완벽하게 외운 것이 아니라 그 상황에 맞게 자유자재로 이야기를 풀어나가는 능력이 있기 때문이다.

음폭이 넓고 음의 속도가 안정감을 준다

그의 수많은 가두연설을 들어보면 상당히 음폭이 높다는 것을 단번에 느낄 수 있다. 다혈질인 그의 성격에 맞게 소리도 그 여세를 몰아 함께 올라간다.

찢어지는 듯한 괴성이 아니라 곧잘 올라간다. 소리의 폭이 넓고 굵은 편이라 대중연설에서는 상당히 유리하다.

실내에서 하는 각종 연설에서는 고음처리 대신 부드럽고 호소하는 듯한 그러면서도 다소 느린 템포를 유지해 나가고 있다. 아마도 부드러운 이미지를 고수하려는 측근들의 부단한 요구에 의한 것이라 생각이 들었다.

대통령후보 TV광고에서 미방영된 4편 〈연설 편〉을 엿보면 확연히 알 수 있다.

그는 말끝의 '~ 습니다'에서 '다'를 길게 뽑아낸다. 음의 속도 역시 다른 후보들의 연설보다 훨씬 느리다. 확실히 빠르고 촉박한 것보다는 안정감을 준다.

　아마도 반대로 바라보면 그의 직설적이고 욱 하는 성질로 파생되는 오해의 결과물들이 그를 이렇게 교육시켰는지도 모른다.

　그의 안정적인 음성이라고 단정지어질 때까지 그는 부단히 구설수에 오르내렸다.
　그의 말은 끝까지 잘 들어야 오해를 사지 않는다. 처음 시작하는 말만 따왔다가는 큰 낭패를 보기 십상이다. 듣는 쪽이나 말하는 쪽이 다 그렇다.
　처음엔 부정적인 쪽으로 몰고 가는 듯하다가 결론에서는 그게 아니라는 것이 드러나기 때문이다. 그는 여러 사례를 잘 활용하듯이 극적인 반전도 좋아한다.
　이런저런 말실수를 거듭하면서 그를 사랑하고 아끼는 일반인들한테까지도 제발 한

템포 늦춰서 가달라는 요구를 받게 되었다.

가슴이 철렁한 것은 그의 측근이 더 심하다.

민주당 정대철 상임고문은 2002년 4월 9일 국회교섭단체 대표연설을 마치고 가진 기자 간담회에서 "노 후보 관련 보도가 나온 신문을 볼 때마다 가슴이 철렁 내려 앉아요."라고 말했다. 덧붙여 말하기를 "노 후보가 대선 후보로 확정되면 안정적인 보통사람으로 만들어내야 한다고 당내 어른들이 말했습니다."라고 했다.

정대철 상임고문은 노무현 후보는 다음 단계에 무슨 행동을 할지 알 수 있는 사람과는 달리 예측 불가능한 사람이라며 그래서 노무현 후보는 안정감이 필요하다고 우리가 말해주고 있다고 했다.

이런저런 당내 여론들도 노무현 후보의 보다 안정적인 모습을 간절히 원했던 것이다.

다행스러운 것은 툭 튀어나오는 말이야 고칠 수 있겠으나 안정적인 음색과 음폭은 어찌 보면 선천적인 것이라 타고난 그의 음폭은 무척 고무스런 일이 아닐 수 없다.

이렇게 노무현 후보의 '말조심' 문제가 도마 위에 떠오른 이상 측근들의 발 빠른 행보는 그를 더 이상 두고 보지 않았다. 그는 항상 여유 있고 부드럽고 침착한 모습을 강요당했고 시종일관 끌고 나갔다.

타고난 음폭과 음색으로 결과는 놀랄 만한 성과가 있었다.

노무현 후보는 TV토론에 나가기 전에 여유 있는 페이스를 유지하기 위해 농담과 잡담을 하고 들어갔을 정도였으니 말이다.

확실히 말의 속도가 빠르면 우선 상대방이 충분히 알아듣지 못한다. 그리고 휙휙 지나가는 말 바람에 상대방은 주눅만 들게 된다. 열등의식을 일으키게 하기 쉽고 상대방과 격리되는 양상을 보이기 쉽다.

말을 빨리 하기는 느리게 하기보다 훨씬 쉽다. 말을 잘 못 하는 사람일수록 말이 빨라진다. 이것은 철칙이다. 자신감이 없기 때문에 빨리 한다. 심리적으로도 그 상황을 빨리 모면하기 위해 입에 발동기가 작동된다.

신입 아나운서 시절 제대로 된 훈련도 받기 전에 대학입시 리포터 현장에 나가게 되었다. 아무것도 모른 채 어느 대학에 나가서 각 학과의 비율을 브리핑하는 리포팅이었는데 큐 시트상 대부분 5분 정도 할애한다는 제작진의 계산에 따라 나에게도 그렇게 시간이 주어졌다. 그런데 어찌나 떨리고 급했던지 남들 5분 정도 할 것을 난 단 1분 30초로 끝내버렸다. 정신이 도는 줄만 알았다. 아마도 듣는 사람은 더 정신이 없었을 것이다. 지옥 같은 1분 30초는 그 이후로 계속 내 머릿속에서 떠나지 않았다.

그 후로도 준비가 안 된 상황이거나 긴장감이 고조될 때는 "등뒤에서 누가 칼 들고 오나? 왜 이리 빨라?"라는 핀잔을 선배한테 듣곤 했다.

누구나 자신이 벌벌 떨고 있다는 것을 감추기 위해 말이 빨라진다. 불안정한 소리를 재빨리 감추기 위해 말이 빨라지게 된다.

여유 있는 느림의 미학은 이렇게 말에서 빛난다.

노무현 후보의 TV토론회에서는 단연 측근들의 우려를 씻어줄 수 있을 만큼 그는 여유와 부드러움을 유지할 수 있었다.

음역의 폭이 넓으면 듣는 사람은 그 내용에 집중하게 되는데 노무현 대통령의 음폭은 다행스럽게도 넓다.

 제1장 노무현의 화술과 이미지변화

가식을 배제하고 진솔하며 대중 설득력이 있다

앞에서도 여러 번 언급했지만 노무현 대통령의 화두는 역시 "진솔함"에 있다. 장점이자 단점인 그의 솔직 담백함. 타고난 천성은 어디에서나 드러나게 되어 있다.

그것이 밝은 빛으로 빛나기도 하고 섬뜩한 찬바람으로 속을 후비기도 한다. 그의 진솔함으로 빚은 해프닝은 이미 말한 바 그대로이다.

문희상 의원은 "노 후보는 본선에 돌입하면 자기와의 싸움을 해야 합니다. 그러니까 말하는 것을 자제해야 합니다. 말을 아껴야 하지요. 지금은 너무 말을 많이 하고 있는데 억제해야 합니다."라고 말했다.

〔주간조선 : 2002. 4. 25〕

출입기자들의 공통된 소견이라는 것도

그렇다. 노무현 후보는 마음에 있는 말을 여과 없이 토해내는 성격이라는 데에는 다들 시인한다. 기존의 능구렁이 정치인들의 우회요법이나 시치미요법과는 정반대 성향인 노무현 후보는 기존의 길들여진 국민들이 받을 충격을 다소나마 줄여나가야 한다는 게 측근들의 결심이었다.

김원길 의원의 충고도 마찬가지다. "노 후보가 불안정하다는 이미지를 보완해 줄 수 있는 진용을 빨리 마련해야 합니다. 개혁성을 갖추는 것은 필수지만, 보수적이고 안정감을 겸비한 사람들이 노 후보 주변을 감싸야 한다는 것이지요."

1차 TV토론에 나서며 세 후보는 저마다 많은 준비를 했다. 이회창 후보는 토론규칙

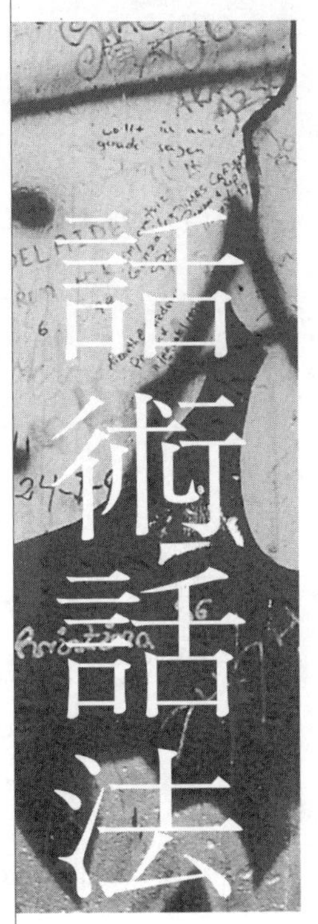

을 완벽히 숙지하기 위해 노력했다는 것이 주안점이었고, 노무현 후보는 강도 높은 연습을 하는 대신 심리적인 중압감을 떨쳐내는 마인드 컨트롤에 더 신경을 썼다는 것이 이 두 사람의 차이점이었다.

노무현 후보는 자신의 옛 지역구인 종로구의 한 볼링장에서 주부들과 함께 볼링을 치고 간담회를 갖는 등의 워밍업을 가졌다.

어쨌든 측근들이 오랫동안 우려했던 노무현 후보의 공격적 불안함을 어떻게 해서든 죽여 보려는 각고의 노력이 아닐 수 없었다.

"부드럽고 안정적인 이미지를 위해"

2차 TV토론에서 이회창 후보와 노무현 후보와의 신경전은 그야말로 '불안론'의 싸움이었다.

'너는 불안하지? 나는 안정이다.' 라는 눈빛을 교환하며 치열한 전쟁을 한 판 벌인 셈이었다.

노무현 후보는 자신을 겨냥한 한나라당의 광고에 대해,

"저더러 불안한 사람이라고 하고 지난 번 버스 운전대를 잡은 장면을 광고하셨는데 저는 운전면허가 있지만 이 후보는 없지 않습니까?" 하고 공박했다.

그는 이 여세를 몰아 더욱 이 불안감 공격을 늦추지 않았다.

"이 후보는 대결적이어서 전쟁 불안이 생기고, 그러면 경제위기 불

안이 있습니다. 노사간 위기 불안, 정치 보복 불안도 있습니다. 이 후
보가 훨씬 대결적이라서 그렇습니다." 하면서 이회창 후보를 그야말
로 '불안한 인물' 로 몰아 세웠던 것이다.

아무튼 노무현 후보의 여유 있고 말을 아끼는 모습은 3번째 TV토
론회에서 자주 볼 수 있었다. 그의 준비상황은 그야말로 자기와의 싸
움이었을 것이다.

노무현 후보는 "토론 기법보다는 내용 숙지가 중요합니다."라고 말
했다.
그는 리허설 없이 미디어 팀과 정책자문단이 준비한 정책 자료를
점검하며 요령 있는 단답형 답변을 반복 연습했다.
"유권자들은 태도와 표정에서 대통령 감을 정합니다."라는 입장
을 말하고 정책적 차별화를 드러내기 위한 치밀한 논리 전개는 적극
적으로 하되 '안정감 있는 자세' 를 잃지 않기 위해 애쓰기로 했다.
그런 후 합동토론회가 끝나고 그는 짧게 소감을 피력했다.

"토론에 임할 때마다 긴장하고 걱정했는데 마치고 나면 안도의 한
숨을 쉬었습니다. 오늘은 잘한 것 같고, 최선을 다했습니다."
"오늘 토론이 너무 공격적이지 않도록 조심했고 질문과 답변 방
식이 아쉬웠고 시간 총량제를 통해 자유롭게 질문과 답변을 해야

합니다."

그의 진솔함이 100% 발휘되기 위해서는 이렇듯 안정적인 제스처가 급선무였다. 그에게는 강력한 무기인 대중설득력이 내재되어 있기 때문에 더욱더 안정이 필요한 것이다.

노무현 후보의 대창초등학교 1학년 때의 성적표를 보면 그의 담임이던 박성윤 선생님은 "각 과목 우수함. 특히 발표력이 있음"이라고 평가하고 있다. 노무현 후보는 어릴 때부터 연설 솜씨가 있었고 설득력이 탁월했다는 후담이다. 6학년이 되어 당시 담임이던 신종생 선생님의 권유로 전교 회장 선거에 나갔는데, 후보자들 중 키가 가장 작았지만 그는 502표 가운데 302표를 얻어 당선되었다.

"작은 고추가 더 맵심더."
이때의 경험이 남 앞에 나서는 일에 자신을 갖게 한 계기가 되었다고 노무현 후보는 회상한다.

논리적이고 열정적이며 전제나 단서, 비유가 많다

그의 성격은 다혈질적이다. 한 번 불이 붙으면 끝없이 활활 타오른다. 그는 연설이나 강연에서 유감 없이 이런 그의 불같은 열정을 보여준다.

그의 열정은 순전히 다수를 위한 것이었다. 1 대 1로 대화를 할 때는 오히려 주뼛거리기 일쑤이고 그래서 오히려 정치인이기보다는 이웃집 아저씨 같은 느낌이 확 스며든다. 더구나 말을 더듬기까지 할 때는 "이 사람이 과연 정치인 맞아?" 할 정도까지 된다.

더구나 그 상대가 여성일 경우 세련된 매너로 악수를 청하거나(매너상 여성이 먼저 손을 내밀도록 되어 있으나 아직까지는 대부분 남성이 손을 내민다. 이번의 대통령 후보들도 다들 그랬다) 눈인사라도 멋들어지게 하는 술수를 전혀 할 줄 모른다. 재미있는 아이러니가 아닐 수 없다.

"손을 내미는 것이 아직도 쑥스럽습니다. 괜히 잘난 척 하는 것 같아서, 아직도 여성 앞에 서면 여성이 먼저 청하는 건지 내가 먼저 청해도 되는 건지 망설여지고 대통령 후보가 되고 나서는 여성한테도 손을 쑥쑥 내밉니다만…"

이런 식으로 낯을 가리고 수줍음을 많이 타 사람들과의 교분을 만드는데 다소 시간이 걸린다는 것이 주변의 공통된 지적들이다.

이런 노무현 후보가 연단에 서기만 하면 카멜레온처럼 바뀌는 것을 누가 막을 수 있을까? 그는 대중을 위한 연설에 강하다. 그리고 설득시켜 버린다.

연단에 서면 그의 두뇌는 컴퓨터처럼 제

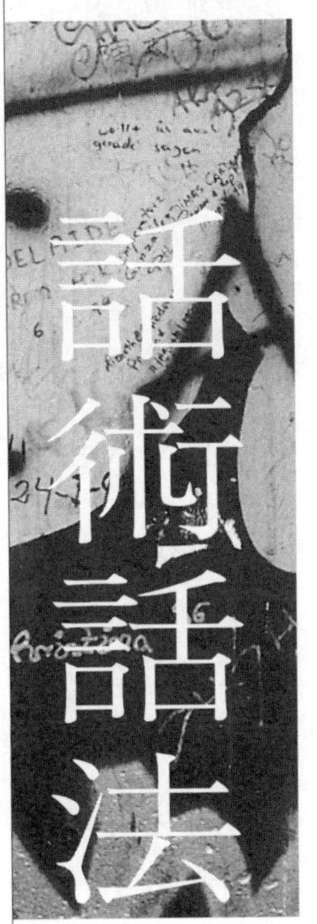

자리를 재빨리 찾아간다. 어디에서 무슨 말을 어떻게 해야 할지 논리 정연하게 머릿속에서 정리되어 기다리고 있는 것이다.

"설득력은 기술적인 문제 이전에 애정과 열정의 문제입니다. 자신이 하는 일과 자기의 조직에 대한 열정과 애정이 없으면 타인을 설득할 수 없습니다. 그렇기 때문에 조직과 자신이 하나가 되는 몰입이 필요한 것이죠. 이 몰입을 토대로 우선 자신이 설득되어야 합니다."

그가 해양수산부장관으로 있을 때 한·일 어업협정 때 홍보부족으로 크게 곤혹을 당한 적이 있던 터라 노무현 장관은 취임하면서부터 지나치다 싶을 정도로 대 국민 설득에 나섰다.

"아무리 정책이 합리적이더라도 설득하는 일을 소홀히 해서는 안 됩니다. 끝까지 설득하다 보면 완강한 저항도 수그러들기 마련입니다. 그러니 만나고 대화하는 것을 꺼려하지 말아야지요."

그는 설득의 필요성을 이렇게 말한다.

논리적인 것은 설득으로 빛나고 설득은 논리성으로 완성되기 때문이다.

그는 틈나는 대로 홍보와 설득의 중요성을 강조하며 각자가 해양수산부의 홍보요원이라는 사실을 명심하라고 강조했다. 그가 그랬듯이 첫째, 진실하고 성실한 모습을 보여줘야 한다는 것이다. 둘째, 홍보를 위해 다양한 매체를 활용하라는 것이다. 각종 자료를 모아서 각

언론사와 시민단체에 반복적으로 보내고 집중적이고 집요하게 홍보해야 한다는 것이다. 셋째, 이미지를 높일 수 있는 한 차원 높은 이미지 전략을 세우라는 것이다.

대화하고 토론하면서 스스로 일에 대한 확신을 갖게 하는 것은 노무현 후보의 오래된 습성이고 탁월한 역량으로 되짚어진다. 우리의 토론문화는 거의 전무한 상태라는 게 지배적인 의견이다. 그런 가운데 그는 토론과 홍보, 설득을 위해 직원들의 교육을 서슴지 않았고 그 자신도 물론 토론문화를 즐겼다.

그의 연설에서는 이러한 논리와 친한 부분을 자주 접하는데 그것이 바로 전제와 단서를 잘 활용해 사용한다는 것이다.

"다시 키워드를 이야기한다면 '원칙과 신뢰', '대화와 타협' 입니다. 그 다음에 '통합과 조정' 우리 사회의 생산성을 높이는데 중요한 키워드입니다.

어떤 방법으로 합리적인 사회를 만들어 가느냐?

투명성과 개방성, 공정성과 자율성이 핵심입니다. (이것을 전제로 해서) 저는 대통령이 되어 많은 것을 하려고 하지 않을 겁니다.

모든 분야에서 개인적 비밀로 보호해야 할 사생활을 제외하고, 모든 공적인 거래를 최대한 투명하게 만들어야 합니다.

그 다음에 우리나라에는 폐쇄된 특수사회가 많습니다. 이것을 해체해야 합니다.

아주 어려운 문제지만 개방적인 사회로 가야 합니다. 또 공정해야합니다. 사회가 통합되려면 결과에 있어서, 균형·과정에 있어서 공정한 사회가 되어야 합니다.

어떻게 하느냐?

결국은 자율에 맡기는 수밖에는 없습니다. 자율적 문화로 그야말로 대대적인 선풍을 일으키는 겁니다. 단, 제가 대통령이 되면 5년 동안자율의 문화를 뿌리내리게 할 것입니다. 물론 5년 만에 뿌리 안 내려지지요.

그러나 자율의 문화를 끊임없이 실험해 나가야 합니다. 실패하더라도 또 하고 또 하는 겁니다."

〔노무현 : 상식 혹은 희망 중에서〕

그의 전제와 단서는 자칫 말 바꾸기로 오해받을 소지가 다분히 있다. 그래서 끝까지 잘 들어야 하는 부담감이 있다.

"우리 정치를 재편성하기 위해서 민주당이 먼저 해야 할 일이 있습니다. 탈 호남 해야 하고 1인 지배체제를 해소해야 합니다. 대통령과당권을 분리해서 대통령이 국회를 지배하지 않아야 합니다. 국회의

원들은 대통령의 눈치를 살피지 않고 소신에 따라서 자유롭게 의정
활동을 할 수 있는 국회가 되어야 합니다. 그러기 위해서는 당과 정
이 분리되어야 합니다."

〔2001. 11. 10. 노무현과 함께 하는 사람들 : 2001 무주단합대회 연설
중에서〕

"사자는 새끼를 벼랑에 떨어뜨려 살아 돌아온 놈만 키운다는 데 나
도 부산에서 세 번 떨어졌지만 후보가 되어 돌아왔으니 확실히 밀어
주세요."

〔2002. 12. 부산 거리유세에서〕

실로 살가운 표현이고 호소다. 그는 눈에 보이는 듯하고 그려지는
듯한 비유로 직접적인 그림을 그린다.

"현장에 안 나가면 안 맞지요. 제가 계란 맞으면 일이 잘 풀립니다.
풀려요."

〔2002. 11. 동아일보와의 인터뷰에서 계란을 3번 맞았다면서 하는 말〕

"사람들은 화살을 잘 피하고 물살을 잘 타는 사람의 묘기를 지켜보
면서 재미를 느끼지만 아주 거대한 흐름에 굽히지 않고 부딪쳐 나가
고, 상처를 입으면서도 비바람을 뚫고 나가는 꿋꿋한 모습을 기대하

기도 합니다. 어떤 의미에서는 그런 사람들이 바로 그 사회의 희망과 기상이라고 할 수 있습니다 ….”

〔1998년 현대자동차 파업 중재에 성공했을 때 “정치를 해오면서 특별하게 지켜야겠다고 생각하는 정치적 원칙이나 신념”을 묻는 질문에 대한 답변〕

투박한 질그릇 말투는
유머인가 막말인가

그는 생각나는 대로 말을 잘 내뱉는다. 그 것이 유머로 비춰지기도 한다.

그런 이유로 중요한 정책적 대안이라든가 살 떨리는 후보연설이라든가를 할 때는 그 야말로 자기 살 파먹기로 대번 구설수에 오른다.

세련된 의도로 양념을 치는 유머는 대단한 고수의 스피치이다. 미국의 명연설가로서의 대통령은 누구나 유머의 대가였다. 이제 정치지도자의 화법은 유머감각이 필수로 다가왔다. 다양하게 충돌하는 이해관계를 조정하는 데에도 크게 한몫을 하는 것이 유머다.

지지율 하락 이유를 설명하면서 툭 내뱉은 말.

"민주당 선배님들 말 잘 듣고 고분고분하고, 무슨 게이트 터져도 아무 말도 안 하고,

김영삼 전 대통령 덜렁덜렁 찾아가는 바람
에 까먹은 것이지요."라고 설명한다.

　그는 앞서 언급했듯이 "맞습니다. 맞고
요." 식으로 '～ 고요'를 잘 붙이면서 말한
다. 그것이 재미있게 들릴 수도 있다.
　노무현 후보의 유머는 듣는 사람의 의표
를 찌르거나 당황스럽게 만드는 황당 개그
가 많다는 것이 그를 자주 접하는 기자들의
한결같은 판단이다.

　수해지역 방문 때 한 주민이 "TV에서 보
던 것보다 주름살이 적네요."라고 말하자
"예. 아침에 집에서 다리미로 좀 다리고 나
왔습니다."라고 대꾸하고, 지난 9월 정몽준
바람이 한창일 때 단일화 담판을 할 용의가
있느냐는 질문에 "검토한 일이 있습니다."

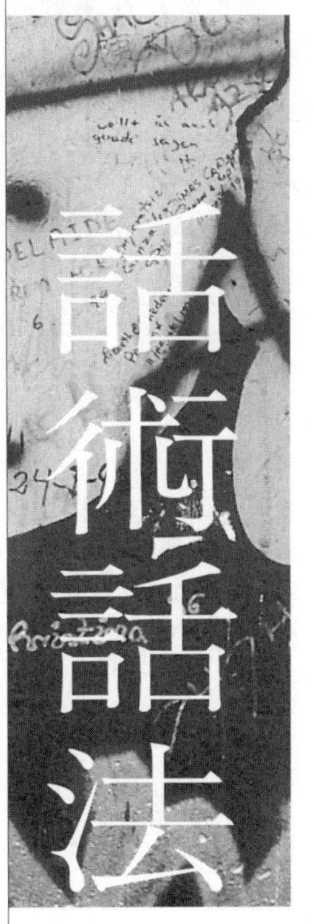

라고 한 후, 옆의 참모에게 "야. 나 떨고 있니?"라고 해 웃음을 자아
낸 일이 있었다.

그는 유머에 관한 한 형광등이다. 한참 철 지난 유머를 겨우 갖다댄
다. 일명 썰렁 유머, 황당 유머, 투박 유머이다.

좀 세련되어지려고 노력하느냐는 질문에 "많이 세련되었잖아요?
이만하면 세련된 거 아니에요?" 하고 반문한다. "그런데 인상이 와
찌그러지노?" 하며 거울을 보고 말했다.

"내 얼굴이 화판이가?"

TV토론이나 대중연설을 하기 위해 밟아야 하는 절차로 메이크업이
있다. 그저 얼굴이 번들거리지 않도록 분을 자주 바르는 것일 텐데
그는 이런 식의 화답을 던졌다.

"내가 그렇게 못생긴 얼굴은 아닙니다. 나도 한때는 잘생겼다는 말
을 들었습니다."고 해 웃음을 자아내기도 했다.

"그야말로 서민적·대중적 정서에서 쓰는 유머를 많이 갖고 있거
든요. '누워서 떡 먹기'라고 이야기합니다. 그러나 사람들은 좀 새로
운 것을 원하지 않습니까? '아 절구통에 새알 깨지기' 이렇게 하면
조금 천해 보입니까? 예. 그래서 입 다물고 삽니다."

〔노무현의 색깔 중에서〕

"호랑이 잡으러 호랑이 굴에 들어간다더니 정작 굴에 들어가서는 호랑이 젖이나 빨고 있는 사람이 있습니다. 김씨는 그것도 모자라 호랑이 새끼들과 함께 젖꼭지 다툼이나 하고 있잖습니까?"
〔1991년 민생파탄 폭력살인 규탄 및 노 정권 퇴진촉구 시민대회에서 3당 합당한 YS를 비판하며 한 말〕

정말 질펀하다. 그리고 노골적이고 눈에 보이는 사례를 들어 보인다.

"제가 결심을 밝혔더니 다들 미쳤다고 하데요. 그런데 미치지 않고서야 어떻게 지역감정을 깰 수가 있나요? 미쳐야 세상을 조금씩 바꿀 수 있는 것 아닙니까?"
〔1999. 2. 부산출마 선언 기자회견 이후 말지 인터뷰에서〕

참 솔직 담백하면서도 1차원적인 친근감이다.

"(지난 대선 때, 이회창 후보가 선거운동 하면서) YS인형을 두들겨 팼습니다. 나는 국민을 속이는 그런 차별화는 하지 않겠습니다."
〔2002. 5. 방송기자클럽 토론회에서 DJ와의 차별화를 묻자 대답한 말 중에서〕

우리는 노무현 대통령에게 적응해 나갈 것이다. 오랫동안 점잖고 말수 적은 선비문화에 뼈 속 깊이 젖어 있던 터라 소위 식자층에게는 천하고 경박한 것으로 들릴 수도 있었다. 분명 노무현 대통령도 주변의 권유로 고쳐나가리라 믿는다. 우리 또한 그를 믿고 웃어줘야 할 부분에서는 웃어줄 수 있는 배려도 있어야 하겠다.

무엇보다도 막말 논란이 계속되다보니 노무현 후보 자신도 입을 뻥긋 하는 것도 두려워졌을 것이다. 한마디 툭 던진 것이 고스란히 주워 담겨 자꾸 가십거리로 회자되니 유머를 하기는 더욱더 곤란했을 터였다. 현장 응용력이 뛰어난 노무현은 즉석 유머도 그래서 먹힌다는 장점도 그나마 횟수가 줄어들어 버렸다.

막말이 절정에 이른 것은 "깽판" 발언이었다. 조선일보 5월 29일자 1면 머릿기사는 일파만파로 만들기에 충분했다. "남북대화 하나만 잘되면, 다 깽판 쳐도 괜찮다."(2002. 5. 28. 인천 부평역에서 열린 정당 연설회 도중 한 말)는 제목으로 시작된 노무현 후보의 막말공세의 절정이었다. 대중연설에서 의미전달을 명확하게 하기 위해 과장법이나 비유법이나 반어법 등이 쓰이기 마련이다. 아주 때로는 극약처방으로 비속어도 사용되는데 보기에 따라서는 친근감을 불러일으킬 수도 있다. 하지만 어떻게 해서든 그를 깎아내리려는 반노무현 후보 쪽에서는 그의 말이 흠집내기에 아주 적당했을 것이다.

노무현 대통령은 배워야 한다

이제 한 나라의 대통령이 되었다. 21세기의 문을 연 대통령으로서, IT 대통령으로서, 서민 대통령으로서 첫 발을 내딛었다. 취임식을 하자마자 그의 앞에 기다리고 있는 굵직굵직한 일들이 '진짜 대통령이 되었구나'를 실감하게 해주었으리라.

세계인의 반대에도 불구하고 전쟁에 열중하고 있는 미국의 시각은 노무현 당선자에 대한 부정적인 시각이 역력했다. "부시 행정부로서는 가장 큰 의문이 노 당선자의 외교 정책 과제이다."라고 일찌감치 말을 떠벌리고 있었다.

노무현 당선자의 외교술은 국내에서도 우려하는 목소리가 높았다. 그의 당찬 화술과 맞물려 지혜로운 협상능력이 꽃피워야 할 때이다.

국민들이 잘 봐와 준 그의 서민적이고 소탈한 화술이 외교적으로는 단점으로 두드러질 공산이 크다. 스피치에 관한 한 어려서부터 생활 속에서 몸에 밴 서구사람들이다. 그러면서도 서구사람들은 본격적이고 철저한 시스템 속에서 스피치를 배우고 익힌다. 그들의 협상능력이라는 것은 오랫동안 뜸들이고 익힌 자신의 전문분야에 대한 해박한 지식과 맞물려 체계적이고 합리적인 논리성으로 박차고 들어온다.

이러한 사람들과 테이블에 앉아 큰 사안을 놓고 대화와 협상을 벌여야 하는데 얼마만한 체계성과 논리성 그리고 준비성이 갖춰져 있는가 말이다.

노무현 대통령은 배워야 한다. 그리고 익혀나가야 한다. 레이건이 그랬듯이 케네디가

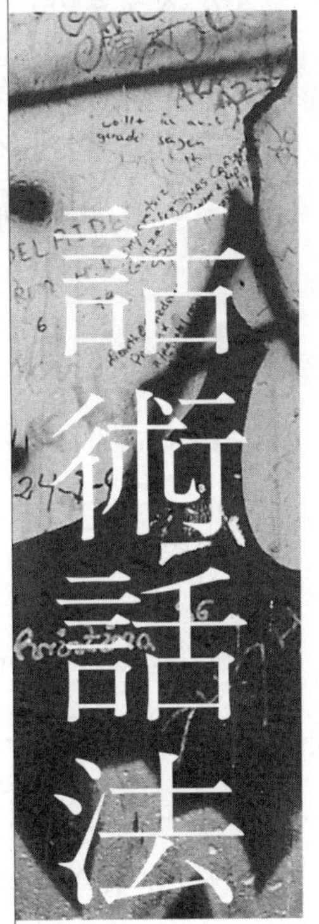

그랬듯이 하루 종일 고된 훈련을 해야 할 필요성이 다분히 있다. 스피치는 지위가 주는 덤이 아니다.

자리가 사람을 만든다고 했다. 그것은 저절로 되는 것은 아니다. 자기가 그만큼 노력해서 만들어 놔야 한다는 말이다.

스피치 없이 자리가 있을 수 없다.

일찍이 고려 때 서희 장군은 거란의 장수 소손녕과 담판을 벌여야 했다. 서희는 고려가 송과의 관계를 끊는 대신 거란으로 가는 길목인 압록강 동쪽 280리 지역을 돌려받기로 하고 화약을 맺었다. 이로써 고려는 후삼국 이후 처음으로 강동 6주를 회복하였고 영토를 압록강까지 확대하였는데 거란은 나중에 이 지역이 전략의 요충지임을 알고 반환을 요구하기까지에 이르렀다.

소손녕이 서희에게 말했다.

"그대 나라가 신라 땅에서 일어났고 고구려 땅은 우리의 소유인데 고려가 침식했고 또 우리와 국경을 접하였는데도 바다를 넘어 송나라를 섬기니 우리가 오늘 출병을 하게 된 것이다."

이에 서희는 "아니다. 우리나라가 곧 고구려의 옛 땅이다. 그러므로 국호를 고려라 하고 평양에 도읍하였으니 만일 국경으로 논한다면 그대 나라의 동경은 다 우리 경내에 있거늘 어찌 침식이라 하느냐? 그리고 압록강 안팎 역시 우리 영토 내에 있는데 여진이 도적질

하여 차지하고 있다. 만일 여진을 내쫓고 우리의 옛 영토로 만들어 성을 쌓고 도로를 통하게 하면 어찌 관계를 맺지 않겠는가?"라고 당차게 소손녕을 설득해서 한판 승부를 이루었다.

외교와 협상의 힘은 나라를 살리고 구한다. 외교의 강국 프랑스에서 1716년에 발표한 〈외교 담판법〉에서는 국가들 사이에 일어나는 이익과 충돌을 해결할 수 있는 협상과 적응기술을 외교술로 제시하고 있다.

사람들의 생각을 파악하고 표정변화만으로도 상대방의 마음을 읽고 알아내는 능력, 의무를 수행하는 과정에서 무난히 어려움을 넘겨버릴 수 있는 편법과 수완 그리고 용기, 유쾌함, 주변을 아우를 수 있는 자신감을 길러야 한다.

그러려면 완벽한 준비, 또 준비가 우선시 되어야 할 것이다. 서로 잘되어야 한다는 것을 보여주는 연출능력 그리고 시종일관 침착성을 잃지 않아야 하며 문제를 철저히 분석하고 재빨리 파악하는 통찰력이 요구된다.

무엇보다도 성급하거나 말을 너무 많이 하거나 상대방을 무시한 즉흥적인 언사는 최악의 시나리오가 될 것이다. 상대방의 말에 해답이 있다는 심정으로 상대방의 말을 잘 들을 수 있어야 그 마음까지 헤아릴 수 있는 것이다.

　말 한마디로 나라를 살리는 시대다. 컴퓨터, 인터넷 시대에 커뮤니케이션, 프리젠테이션은 오히려 더 그 진가를 발휘하고 있다.
　꾸준히 노력해야 한다. 그에게는 연습만이 살 길이다.

　노무현 대통령의 발음, 말투, 언어 습관, 말할 때의 버릇, 오해를 살 만한 언사 등 이 모든 것을 바꿔야 한다. 세련된 제스처, 이미지 등도 개선해 나가야 한다.
　측근들이 마음이 조마조마할 정도의 막말은 이제는 그만이다.
　노무현을 좋아하는 사람들에게는 그 어떤 것도 다 이해되고 좋아 보일 수 있으나 이제는 아니다. 세계 무대에서의 노무현 대통령이 되어야 하기 때문이다. 전혀 다른 노무현 대통령으로 탈바꿈하는 그의 노력을 보고 싶다.

　노무현 대통령의 말에 대한 기사거리가 외국에서도 가십거리로 회자되어서는 안 될 노릇이다. "차곡차곡 쌓은 표들을 노무현의 막말로 까먹고 있다."는 후보 당시의 말들이 다시 되살아 돌아다니지 않기를 바란다.
　노무현 대통령은 반드시 스피치훈련을 해야 한다. 노무현 대통령은 배워야 한다.

지도자의
화술화법을
익히자

대중이 원하는 스타일을 찾아서
역대 명연설가로서의 지도자
클린턴과 조지 W. 부시
TV 토론과 노무현
사람을 가장 빨리 움직이게 하는 것은 '말'이다

 **말의 힘**

확실히 말이라는 것은 이리저리 돌아다니다가 결국 자기에게로 돌아오는 부메랑이다. '말을 잘해야 한다' 라기보다는 '올바로 해야 한다'가 맞을 것이다. 적어도 대중을 이끌어 가야 하는 지도자로서는 말이다. 중요한 것은 최고 권력과 보통 사람들의 정서적인 거리감을 없애는 일이다. 너무 무겁게 중압감 나가는 지도자형은 구시대적이다. 이리 뛰고 저리 뛰어다니는 천방지축이 오히려 나을 때가 더 많아질 것 같다. 대중은 보다 자연스럽고 친숙한 스타일을 원한다.

미래학자인 다니엘 벨은 "이 세상에서 변하지 않는 것은 없다는 이 말만 변하지 않고 모든 것은 다 변한다."라고 했다. 변화와 혁신의 시대에 살고 있는 우리에게 의미심장하게 다가온다. 좀더 멀리 보고 좀더 깊이 살필 줄도 알고 현실을 똑바로 직시할 줄 아는 혜안을 새롭게 갖춰야 한다.

21세기는 '창의적 경제' 또는 '다양성이 강조되는 시대'로 표현되고 있다. 각종 정보가 홍수처럼 쏟아지고 독특한 소비자, 대중, 국민의 요구들도 훨씬 많이 다양해지고 있기 때문이다. 일반적으로 정보의 가치를 평가하는 잣대로 '신속성'과 '희소성'을 든다. 수많은 대중에게 회자되고 있는 내용은 이미 그 가치가 희석됐기 때문에 생명력을 잃었다고 할 수도 있다. 인터넷의 보편화로 최근 웬만한 정보는 누구에게나 다 오픈 되어 있다. 따라서 희소성보다는 '정확성'에 눈을 돌려야 한다. 발로 뛰는 현장의 냄새를 맡을 수 있는 노력이 있어야 한다.

그리고 이러한 정보들이 지도자와의 연계성에 연결되어 있어야 한다. 이러한 정보장악력을 주무기로 하여 대중(부하직원)을 아우르고 보듬어 주어야 한다.

사람에게는 파동이 흐른다. 그 파동은 주변으로 흐르고 주변을 물들인다. 일종의 '기(氣)'다. 그래서 한 지도자의 기가 중요한 것이다. 이 기가 가장 빨리 흐르고 받아들여지는 것이 '지도자의 말'에서이다. 말은 자기 자신도 변화시킬 뿐만 아니라 주변을 변화시키는 가장 큰 원동력이다.

그래서 세련된 언행은 한 개인의 능력에만 한정되는 것은 아니다. 그것은 한 시대, 한 사회에 공통적인 것으로 사람들은 이 공통된 말의 구조에 이끌려 어떤 공통된 정신과 생각, 그리고 마음을 갖게 된다. 사람은 말하는 대로 이루어지는 묘한 법칙이 있다.

곧 자신이 자신에게 던지는 말로 자신의 몸 전체가 그 말의 기운을 일으키는 파동 덩어리라는 것이다. 수면에 돌을 던지면 그 점을 중심으로 파문이 퍼지듯이 또 지각 내에 변동이 일어나면 그것을 진원으로 하여 지진파가 전파되듯이 우리가 소리 없이 자신에게 던지는 속내 말도 우리의 마음속에서 역시 소리 없이 에너지로 변해 울려 퍼진다.

똑같은 원고를 가지고 각각 다른 사람이 연설을 한다면 그 결과도 똑같을까?

전혀 아니다. 말하는 사람의 속성에 따라 듣는 사람의 반응은 전혀 다를 수 있다. 말하는 사람의 공신력이 문제다. 신뢰가 가지 않는 사람일수록 똑같은 말도 가슴에 와 닿지 않는다. 말하는 자세와 말투, 분위기 등 복합적인 원인들이 작용하겠지만 한 인물에 기대하는 신뢰도는 말할 수 없을 만큼 크다. 그래서 제 아무리 작가가 훌륭한 원고를 작성해 줘도(읽거나) 말하는 사람에 따라 그 결과는 전혀 다르게 나타난다.

　사람은 망각의 동물이라는 것이 확실하다는 실례가 있다. 한 사람이 연설을 하거나 말을 했을 때 시간이 지남에 따라 내용을 잊어버린다는 연구결과가 미국에서 있었다. 그러나 몇 주 후 '누가' 이야기하지 않았느냐 하고 상기시켜 준다면 처음에 들었을 때의 그 반응이 되살아난다는 것이다. 내용과 인물에서의 현격한 차이를 보여주는 단적인 예이다.

　곧 말이라는 것은 하드웨어적 요소와 소프트웨어적 요소가 모두 조화롭게 돌아가야 하는 것이며, 아날로그적 요소와 디지털적 요소 역시 둘다 원활하게 작동되어야 함을 놓쳐서는 안 된다. 말은 단순히 말 하나로 평가되는 것은 아니다. 한 인간의 총체적 작품의 결과물이기 때문이다.

　45년간을 대중을 위해 설법 했던 부처님은 그 수많은 각기 다양한 사람들에게 어떻게 알아듣게 설법을 펼쳤을까? 더구나 그 당시 인도는 카스트제도라는 인종 차별 제도가 있었기 때문에 어떤 말을 받아들이기에는 상당한 애로가 있었을 터였다.

　부처님의 설법방법에는 여러 가지가 있는데 그 중에 대기설법이라는 것이 있다.

　부처님은 이 같은 대기설법으로 그 당시 국왕과 크샤트리아, 그리고 무수한 브라만의 교학자와 철학자로부터 무지몽매한 천민에 이르기까지 갖가지 계층을 대상으로 인생살이 등 광범위한 문제에 관해 아주 명쾌한 해법을 제시했다.

이 같은 대기설법은 가장 최적의 설법방법이었고 이 방법으로 각계 각층의 불자들을 부처님 제자들로 삼을 수 있었던 것이다.

중요한 점은 감동을 일으키는 연설이다.

진실성이 결여되어서는 어느 구석에서나 핀잔소리가 픽픽 날 것은 자명한 일이다.

시대성에 맞게, 정확하게, 사람의 가슴속에 들어갈 한 사람의 말은 빛의 속도보다 더 빨리 사람에서 사람으로 전달될 것이다.

대중이 원하는 스타일을 위해 지도자가 맞춰 감동을 줄 수도 있고 그 반대의 상황도 있다.

 ## 대중을 이용한 히틀러

히틀러는 대중의 이성적 판단이란 있을 수 없다는 전제 아래 그의 궤변을 펼쳐나갔다. 인간의 판단력을 관장하는 대뇌 신 피질은 피로를 쉽게 느끼고 그런 후에는 반드시 쉬고 싶어하는 곳이다. 피로해지면 신 피질은 금세 작용이 둔화되기 때문이다. 그래서 술을 마시고 난 후 몸이 노곤해지고 해롱거리는 것도 바로 알코올로 인해 신 피질의 작용이 게을러졌기 때문이다.

히틀러는 이것을 십분 활용해 하루의 일이 끝나고 지쳐 귀가하는 사람들을 모아놓고 그때 석양의 연설을 자주 했다. 강한 어조로 강력한 감동을 주기에 충분했으며 그가 가지고 있는 카리스마가 최고조로 발휘되는 순간이 계속 이어진 것이다.

그의 연설은 정치선전 그뿐이었다. '절대적이고 주관적이고 일방적'으로 쏘아대는 레이저빔이었다. 대중은 어린애일 뿐이라는 전제 아래 그는 일방적인 선도를 계속 주입시켰다. 술에 취하는 것보다 더 무서운 취기를 전 독일국민들이 들이부어 마시도록 하였던 것이다. 결국 히틀러가 조종해온 국민들은 후에 그들이 원하는 스타일이 바로 이런 것이라는 착각에 깊이 빠져들었다.

히틀러를 명연설가로 만들어버린 괴벨스의 전략은 대중에게 잘 맞아떨어졌다. 선거전의 귀재였던 괴벨스는 군중심리학에 지대한 영향을 받고 지속적으로 대중에게 주입시켰다.

이슈를 얼마나 자주 사람들에게 주입하느냐에 따라 대중의 태도변화가 결정되어 버린다.

더구나 당시의 미디어 테크놀러지를 이용한 최초의 독재자로 만들었으며 이 도개는 국가 지배를 위해 모든 기술 수단을 완벽하게 이용한 것으로 8000만 독일 국민들이 독립적 사고를 할 수 없도록 만들어버렸다. 기계와 인간의 감성을 유효 적절하게 활용한 귀재의 발상이 히틀러를 만든 것이다. 어찌 보면 대중이 원하는 지도자가 아니라 지도자가 원하는 대중을 만든 셈이다. 확실히 스피커로 왕왕거리는 소리는 아직도 흥분시키기에 충분하다.

괴벨스는 히틀러에게 많은 훈련을 강요하고 또 그렇게 시행했으

나 그것만으로 충분하지는 않았고 또 그것이 대중을 휘어잡을 만큼
의 마술을 부리지는 못했다. 그래서 분위기 연출이 이루어진 것이
다. 마치 연극무대를 꾸미듯이 조명과 무대세트, 시력이 안 좋은 히
틀러를 위한 큰 대본, 압도적인 유니폼 물결까지 완벽한 분위기 연
출에도 또한 귀재였다. 할리우드 영화광다운 발상이 아닐 수 없다.

 안방으로 들어온 대통령

이제는 대중연설로 대중의 마음을 사로잡는 시대는 지났다. 카메
라 앞에서 그의 모든 세심한 표정 하나하나를 읽어 내려가야만 하는
미디어시대이다. 대중이 원하는 스타일을 위해 지도자는 끊임없는
연습과 연습을 해야만 할 것이다. 고화질의 발달과 깊은 음폭의 미디
어에서는 어느 누구도 숨을 공간이 없어져 버렸다. 더욱 진솔하고 다
정다감한 인간미로 다가와야만 한다. 부드러움 속에 강함이 서려 있
듯이.

히틀러처럼 저 먼 영웅을 그리워하진 않는다. 오히려 이웃집 아저
씨 같은 친숙한 이미지를 더욱 선호한다. 실제로 메시지를 받아들이
는 수용자들은 얼마나 나와 비슷한 점이 있느냐를 무의식중에 재보
곤 한다. 나와 비슷하다는 유사성을 발견해야만 그의 메시지를 받아
들이게 된다. 한 사람 한 사람 앞으로 가까이 다가가는 TV 속의 지도

자가 우리와 친밀하다.

매일 뉴스에 등장하는 주인공으로 어느 새 가까운 친척 같은 인물로 인식되면서 서서히 그의 말의 힘을 믿게 된다. 또한 그가 말한 것을 TV 시청자로서 받아들일 때 메시지의 파워가 생기는 것이다.

오늘날 대부분의 국민은 정치정보원의 일원일 수 있으며 매스미디어에 깊이 연관되어 있다. 미디어에서 대통령이 선출되는 시대이다. 미디어로 1 대 1 대화식 연설도 가능한 시대다. 분명 TV는 권력의 하나다. TV 토론회에서 봤듯이 이젠 TV 선거, 안방선거로 바뀌었다. 안방으로 들어온 지도자를 마주보며 그의 일거수 일투족을 관찰한다.

대중이 원하는 방향은 상황에 따라 그들이 원하는 흐름이 분명 있을 것이다. 이에 대응해주고 맞춰나가는 1 대 1의 맞춤형 지도자가 나와 줘야 한다.

그리고 대통령을 노려보고 질책하고 불평을 쏟아내는 국민으로서가 아니라 국민도 역지사지의 입장을 가져야만 할 것이다.

누구나 대통령이 될 수 있다. 한 조직에서의 대통령, 한 부서에서의 대통령, 한 가정에서의 대통령. 내 자신이 최고가 되어야 한다는 강한 의식이 바닥에 깔려야 비로소 대통령을 대통령으로서 볼 수 있다.

반대를 위한 반대는 설득력이 없다. 불평을 위한 불평도 해서는 안 된다. 대통령을 똑바로 보고 이러쿵저러쿵 하기는 쉽지만 그렇게 되기까지 나 또한 '나 대통령'이라는 자부심과 능력을 키워야 한다.

대표는 대표끼리 만난다는 사회의 질서가 엄연히 존재한다.

안방으로 들어온 대통령을 '내 손안에 있소이다' 식으로 치부해선
세련된 국민의식을 기대할 수 없다.

역대 명연설가로서의 지도자

J. F. 케네디

미디어가 발달하면서 매체를 통한 전 국민을 향한 메시지가 강력히 전파되었다. 링컨이 연설을 잘했다는 사료는 남아 있으나 그의 음성은 들을 수 없다. 그가 지금 살아 있다면 여전히 명연설가로서 명성이 살아 있을까 하는 의문은 여지없이 깨질 것이라는 것이 전문가들의 의견이다.

그때는 그때의 상황에 맞아 떨어졌을 것일 테니까. 하지만 지금은 아니다.

TV형 미남형으로 사랑 받았던 J. F. 케네디의 연설문은 아직도 읽혀질 정도로 명연설로 회자되고 있다. 더구나 그의 용모와 인품과 잘생긴 얼굴은 더욱 완벽하게 사랑 받기에 충분했을 것이다. 그런 찬사에 케네디는 어릴 적 어머니의 교육에서부터 비롯되었다고 술회한 글이 있었다. 거창한 교육이라기보다는 식사시간에 서로 이야기하고 토론하는 분위기를 만든 것이다. 자연스럽게 이야기할 수 있는 방법이다. 정보교환을 위해 게시판을 마련해서는 신문이나 잡지에서 오린 중요한 기사를 붙여 놓았다고도 하니, 방법이라는 것이 그리 대단한 것만은 아니었던 것 같다.

"너 말 좀 해봐." 우리는 이랬다. 적어도 내가 아나운서가 되기 전까지는 이런 식으로 추궁 당하다시피 말하도록 강압적인 권유를 받았다. 결국 더욱 말에 담을 쌓는 결과만을 가져올 뿐이었다.

"너 발표해봐." 죽었다 깨어나도 싫었고 무서웠다. 발표, 내 생각 말하기, 내 의견 표현하기 등은 거의 고문으로 나에게 다가왔다.

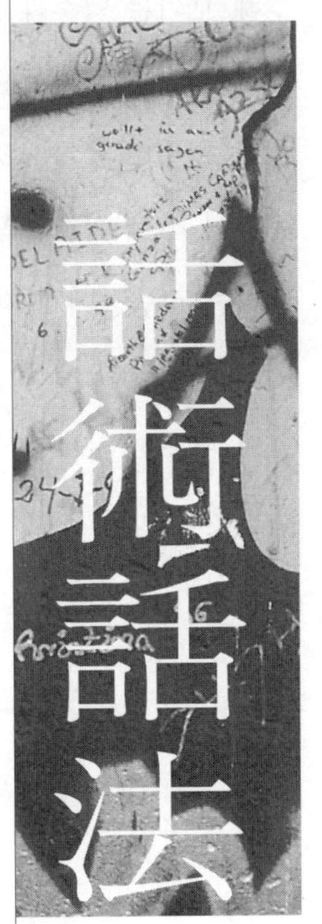

토론이나 회의에서도 마찬가지였다. '제발 조용히 끝나라' 가 나의 마음속 주문이었다. 그러나 아나운서가 되면서 여러 가지 말하는 방법을 훈련하고 습득하고 나니 몸에 밴 자연스러움이 가장 좋다는 것을 깨달았다. 어릴 때부터 자연스럽게 말하도록 유도하는 교육이(교육이랄 것도 없다. 그냥 생활이) 절실히 필요하다.

아무튼 케네디 상원의원은 미국 부통령을 두 번이나 지낸 여유 만만해 보이는 닉슨과 TV 토론으로 역전의 승리를 거두었다. 그가 TV 토론에서 승리한 주요요인을 보면 카메라로부터 눈을 떼지 않고 시청자를 똑바로 응시하는 그의 집중력과 침착한 태도였다. 이 날 이 순간이 바로 대전환의 역사적인 기록으로 꼽힌다. 케네디 후보를 지지하는 사람들이 갑자기 늘어났으며 TV가 나은 새로운 스타를 보기 위해 사람들은 제 발로 저마다 유세장을 찾았다. TV 토론에서는 서로가 평등한 위치로서 케네디는 그의 신선한 화술로 온 국민을 사로잡았던 것이다.

 # 로널드 레이건

　TV 연설로 가장 성공한 사례는 레이건 전 대통령을 꼽을 수 있다. 그는 실제로 TV매체와 가장 어울리던 이상적인 텔레비전적 대통령이었다. 그의 전직인 배우의 역할을 대통령으로서도 유감 없이 발휘할 수 있었기 때문에 누구보다도 유리한 입장이었다. 전문 연기자 출신인 레이건은 강한 인상으로 어필되기에 충분했고 대중에게 강한 이미지를 부각시킬 수 있었다. 그의 미디어 자문가들은 그의 이 능력을 십분 활용해 활짝 꽃피운 장본인들이다. 매일 밤 레이건은 프로그램 진행자처럼 큐 시트를 받았으며 철저한 프로듀서로부터 연출을 받았고 스크립터들이 제공한 대본에 따라 감독지시에 맞게 완벽하게 대본을 연기했다.

　하다 못해 농담이나 전화통화 그리고 회견장소에서 서 있고 움직이는 동선까지도 정해져 있었으며 누구와 어떤 말을 주고받을 것인가까지 상세하게 정해져 연습하였다. 이제 와서 그의 말이 부정확하고 두서 없었다고 결과론적으로 평가를 내려도 국민은 웃으면서 활기차게 연단에 나오는 그를 아직도 사랑스런 모습으로 기억하고 있다.

　시청자로서의 국민은 직무수행과 전혀 관계 없을 것으로 보이는 용모나 말투, 말솜씨, 어느 정도의 연기력까지를 더 평가하고 더 중요시하며 판단잣대로 삼는다.

레이건의 연기는 탁월했고 진실성 있어 보였다. 레이건이 웃음을 띠며 활기차게 연설을 할 때 동시에 우리나라의 지도자급에 있는 사람들의 연설을 보면 딱딱하고 경직된 증명사진형 얼굴들이었다. 잔뜩 긴장된 굳은 얼굴표정과 연신 원고만 보느라고 바쁜 시선처리 그리고 변하지 않는 음성이 지루하게 느껴지면서 저항감만 불러일으켰다. 큰 비교였다.

 ## 고이즈미 준이치로

고이즈미 준이치로 일본총리는 미디어를 십분 활용할 줄 아는 사람이다. '고이즈미 메일 매거진'으로 대중정치에 박차를 가하고 있기 때문이다. 그의 24시간을 꼬박 드러내놓고 있다. 그가 다른 매체에 매달리지 않고 (왜곡보도되지 않고) 하고 싶은 말과 보여지고 싶은 말을 국민에게 직접 전달되기를 희망했기 때문이었다. 무엇이든지 장·단점은 있기 마련이겠으나 어찌 되었든 총리와 정부와 국민들의 관심과 친근감을 맺어보려는 나름대로의 노력의 소산이다. 역시 대화의 채널이 관건이다. 국민과 조금이라도 가까이 그리고 자주 대화를 해보려는 안간힘일 것이다.

가족 간에도 대화의 단절은 무섭다. 가장 가까이 있는 사람이 대화가 더욱 소원해질 수 있다. '굳이 말 안 해도 다 알아주겠지', '하루 이틀 산 것도 아닌데 이해하겠지' 하는 안이한 생각이 돌이킬 수 없는 단절을 불러오기도 한다.

대상이 가족이든, 한 사람이든, 대중이든 '말' 없이 그 어떤 것도 성취해 나갈 수 없다.

'말'의 중요성과 간절함은 각종 기기가 발달하면 할수록 필수요건으로 성큼 다가오는 것이다. 이제 내 손에 있는 휴대전화는 더욱 대화의 집중도를 가져오고 있다. 그러나 말에 대한 소중함은 멀어져 가는 것이 요즘이다. 조금만 더 가까이, 더 가까이 서로가 다가가기 위한 각종 첨단 기계의 출현은 이러한 대화의 소중함을 일깨워주고 있다.

후쿠다 야스오 관방장관은 메일 매거진은 정치가 어디로 흘러가고 정치가 무엇을 생각하고 있는 지를 이해하는 길을 열어줄 것이라고 확신을 한다. 그러면서 그는 이렇게 말한다.

"정치가 응접실과 서재로 파고들고 있다."

윈스턴 처칠

2002년 10월 21일 영국의 로이터통신은 "BBC방송이 지난해로부터 영국인 3만 3천 명을 대상으로 전화와 인터넷으로 영국의 위인을 조사한 결과 처칠이 1위를 차지했다."고 발표했다. 영국의 윈스턴 처칠 전 총리가 과거 식민지 시대 인도와도 바꾸지 않겠다던 윌리엄 셰익스피어를 누르고 역사상 가장 위대한 영국인으로 뽑힌 것이다. 처칠이 1위로 당당히 올라선 이유로는 1940~45년 제2차 세계대전 기간중에 정부를 이끌며 강한 연설로 실의에 빠진 국민들에게 자신감을 되찾게 해주었고 희망을 심어주어 위기를 극복했다는 것이었다.

실로 '말'의 위엄은 대단했다.

그는 스피치에서 가장 치명적이랄 수 있는 발음이 부정확한 혀 짧은 소리를 냈다. 처칠은 21세 때 그의 스피치 교사인 버크 코크란을 만나기 전까지 내세울 것이라곤 하나도 없었다. 170cm의 작은 키에 왜소한 몸매로, 거기다 걸을 때는 구부정한 모습이었다. 당시에 처칠은 대학도 못 나온 상태로 군사학교를 졸업하고 런던 신문사에 갓 입사한 신입기자였다. 게다가 처칠은 신경에 거슬릴 정도의 목소리에다 스피치를 할 때면 더듬기까지 했으며 제풀에 흥분까지 했다. 그런 그가 코크란을 만나면서 강도 높은 스피치 훈련을 받았다. 수천명 아니 그보다 더 많은 대중을 울리고 웃기고 할 수 있는 대명연설가가 되기까지 처칠은 피나는 훈련을 했다.

진실된 감동을 전해주는 그의 말 한마디로 영국인들의 잠자는 가능성을 깨운 것이다.

세계적인 연설가는 세계적인 정치인이며 지도자다.

클린턴과 조지 W. 부시

　한 나라의 대통령이면서 여성킬러라는 오명을 쓰고도 클린턴은 임기 때까지 열정적으로 일해 나가는 모습을 보여주었다. "저런 못된 놈 같으니라구.", "저거 대통령도 도중 하차하겠구만.", "인간도 아니야. 파렴치범."

　미국도 마찬가지였겠으나 특히 우리 정서에서는 도저히 납득될 수 없는 일이었다. 세계인의 욕을 한꺼번에 먹은 사람으로 클린턴만한 인물도 없을 듯 했다. 그런 그가 우리나라를 방문한다는 소식이 있었다. 결국 화가 잔뜩 나 있을 것이라는 예상대로 힐러리는 오지 않았다. 그러나 그가 왔다 간 후의 그에 대한 평가는 정반대였다.

　주한 미국 대사관직원 부인들조차 제 나라 대통령이 왔는데도 클린턴을 마땅치 않게 생각했다는 것이 사석에서의 후담이었다. 르윈

스키 스캔들이 한창 불붙고 있을 때였으니 "망할 놈의 자식."이라는 말도 그리 험한 욕은 아니었을 때였다. 그런데 놀라운 사실은 대사관저에서 열린 만찬이 끝난 후 그 부인들이 모두 클린턴의 열렬한 팬으로 바뀌었다는 사실이다. 클린턴이 대사관의 모든 식구들과 돌아다니며 얘기를 나누면서 기적이 일어난 것이라는데, 클린턴은 어떤 상대를 만나면 그 순간 지구상에서 마치 단둘이 있는 것처럼 대했다는 것이다.

"상대를 흡인하는 어떤 마력 같은 것을 느꼈습니다."

"세기의 카사노바의 원단", "사주팔자부터 타고난 바람둥이" 등으로 놀림감이 되었던 클린턴 전 대통령. 미국 보수계 여론의 집중 표적으로 폭격을 받고 대통령 벗기기에 심리학, 점술학 등까지 총동원되었다.

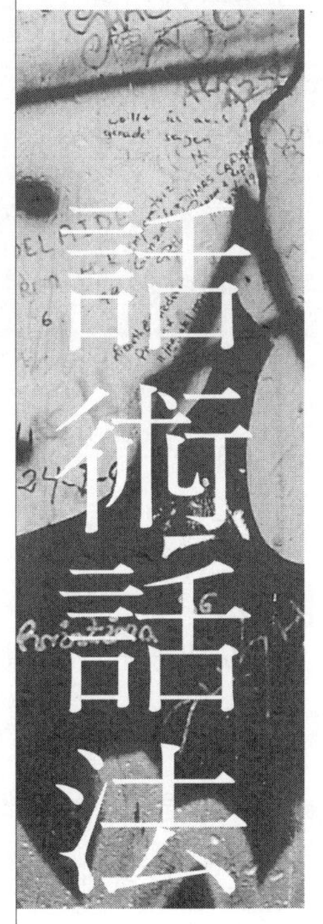

그러나 시간이 흐르고 많은 거품이 가라앉으면서 이 천하의 바람둥이 대통령을 미국인들은 이 시대 가장 존경하는 인물로 뽑았다. 똑같은 공동 1위로 교황 요한 바오로 2세가 뽑혔다는 것은 정말 재미나는 결과물이다.

그는 대통령으로서 패기가 느껴지는 젊음을 갖고 있었고, 전후세대 첫 대통령인 프랭클린 루스벨트 이후 선거로 재선된 첫 민주당 대통령이었으며, 탄핵대상으로까지 갔던 인물이다.

그는 대중 앞에서 연설하기를 무척 재미있어 했다. 그리고 즐겼고 그 결과는 경외감을 느낄 정도로까지 변하게 만들었다. 연간 로널드 레이건이 320번, 해리 트루먼이 82번 연설한 반면, 클린턴은 무려 550번이나 연설하고 다녔다. 그리고 시간도 사상 최장인 1시간 30분을 기록한 연두 시정연설도 있을 정도였다.

"클린턴은 탤런트 정치인이요 재능 있는 의사 전달자였다. 그의 모습, 목소리, 개성이 모두 새로운 상징을 창출했다."라고 라니 귀니어 하버드대학교 교수는 자신 있게 그를 평가하고 있다.

색소폰을 부는 클린턴은 섹스어필하기에 충분한 자질을 보였고 많은 사람들은 그를 좋아했다. 스타였다. 대중을 위한 연설을 한껏 즐긴, 그리고 거기서 대중스타로서의 마력을 뿜었던 클린턴이었다. 탄핵대상으로까지 치달았지만 여론조사 결과 대통령 3선이 허용되었다면 그는 분명 미국 국민의 사랑으로 대통령자리를 지키고 있었을 지도 모른다. 이제는 부인 힐러리의 외조를 하고 있는 그는 최고 인기

강연자로 자리매김하고 있다. '입' 하나로 10억 달러 상당의 미디어 제국을 건설한 오프라 윈프리가 울게 생겼다. 뛰어난 화술에다가 섹스어필의 강점을 가진 빌 클린턴이 오프라 윈프리의 가장 강력한 경쟁상대로 떠오른 것이다. 이렇게 세계 여성들을 울리고 웃기고 하는 클린턴인데 전문가들은 오프라 윈프리가 여성들에게 최고의 인기를 구가한 만큼 클린턴은 오히려 남성들의 인기를 끌 것이라고 전망하기도 했다.

역시 말 한마디로 천 냥 빚을 갚는다는 것을 현실로 확실하게 보여준 인물이다.

그의 매력은 과연 마력일까?

그는 화술과 이미지 메이킹에 있어서 대가였다. 욕을 퍼붓던 사람도 그와 대면하고 나면 팬으로 돌변하는 묘한 매력을 발산하는 친밀감의 명수였다. 오히려 여성을 유혹하던 그 기술을 유감없이 정치에서도 활용했던 것이다. 애무하듯 부드럽고 끈질기게 상대를 설득하는 독특한 묘를 발휘했고 또한 정치적 실리를 챙기기도 했다. 천재적으로 칭송받는 그의 정치 감각도 섬세한 감성적 장점을 마음껏 발휘한 셈이다.

누구나 하나의 장점은 갖고 있다. 그 장점이 공적인 일에서는 큰 과오로 비춰질 수도 있다. 그러나 자신의 단점을 장점으로 승화시킨 클린턴의 기술을 한번쯤 되짚어볼 수도 있어야 하겠다.

이제 부시 대통령이 세계를 향해 으르렁거리며 미국을 이끌고 있다. 그의 과격한 폭언 해프닝은 막말로 도마 위에 올려졌던 우리의 노무현 대통령보다 더 심하다. 그의 보좌관들은 그의 발언에 무척 신경을 곤두세우고 있을 것이다. 좋게 말해 솔직 담백하지 그의 한마디에 세계가 들썩거리지 않는가. 손과 발이 맞지 않는 그의 발언은 주변 참모들을 곤혹스럽게 만들고 있다.

부시가 대통령으로 취임한 지 100일이 지나면서 백악관은 그의 말실수를 시인했을 정도였다. 2001년 3월 김대중 대통령의 워싱턴 방문을 전후해 콜린 파월 국무장관은 새 행정부가 클린턴 전 행정부의 대북정책을 지속시켜 나갈 것이라고 밝혀놓았는데 부시 대통령이 나중에 엉뚱하게 다른 말을 한 적이 있었다.

거기다 크리스티 휘트먼 환경보호청장은 부시 대통령이 이산화탄소 배출 규제를 승인하고 알래스카의 석유시추에 반대할 것이라고 말했는데, 부시 대통령은 정반대의 발언을 해 사람들을 완전히 혼란스럽게 만들었던 것이다.

안에서 새는 바가지 밖에서도 새는 법! 그는 외교문제에서도 갈팡질팡하기는 마찬가지였다. 대만문제에서도 미국이 대만 보호를 위해 최선을 다하겠다고 확언을 하는 바람에 중국과의 불화를 조장하지 않았나?

북한을 '악의 축'이라고 지목한 것도 그의 막말 해프닝의 연속이었다.

아마도 조지 W. 부시 대통령 자신도 말에 대해 예민하게 신경 쓰였을 것이다. 2002년 8월 텍사스주 크로포드 목장에서 도널드 럼스펠드 국방장관을 비롯해 리처드 마이어스 합참의장 등 군사 핵심 막료들과 국가안보대책회의를 열었을 때였다. 미국의 이라크전 향배가 심각한 수위에 올라온 것은 아니냐는 관측을 불러일으켰던 회의였다. 회의가 끝난 후 백악관 기자들의 이라크전에 대한 관심으로 저마다 질문공세가 이어졌다. 부시 대통령은 그 와중에 갑자기 옆에 배석한 럼스펠드 국방장관에게 이렇게 토로했다.

"나 말이야. 럼스펠드 장관이 기자들의 질문에 능수능란하게 답변하는 화술을 배우고 싶어. 럼스펠드! 당신은 정말 답변 화술이 뛰어나다고 다들 그러더구만."

치열한 질문공세가 오고가는 그 와중에 부시 대통령의 엉뚱한 발언은 또 한 번 웃음을 만들어내었다. 아마도 말에 대한 여러 번의 실수를 자각한 끝에 불쑥 나온 그의 고민이었나 보다. 자기도 알고 있으면서 쉽게 고쳐지지 않는 그의 말버릇을 누가 막을 것인가.

2003년 2월 16일 이라크전 반대 시위가 전 세계 주요 도시를 뒤덮으면서 미국에서도 10만 여 명의 인파가 모여 역시 반전 시위를 했다. 그러나 부시 대통령은 전혀 아랑곳하지 않는 눈치였다. 미국 국민들은 세계에 공포 분위기를 조성하는 자기네 나라 대통령인 조지 W. 부시를 위험한 인물로 비난했다. 고립을 자초한 부시. 그의 어떤 발언도 자국민들한테까지도 설득을 얻기 힘들게 됐다.

헬렌 토머스 백악관 출입기자는 올해의 기자상 수상식 연설에서 부시 대통령은 미국 역사상 최악의 대통령이라며 혹평을 했다. "조지 W. 부시 대통령은 오로지 공포의 파도를 타고 일어선 사람이다. 우리는 길을 잃었다."

실제로 많이 걸러서 온 기사들이지만 우리가 접하는 부시 대통령의 언행은 칼로 콕콕 쑤시는 그런 언사가 많았다. 2001년 9·11테러를 당한 후 바로 이 무렵 분노한 부시 대통령은 이렇게 선언하였다. "이번 전쟁은 새로운 종류의 악에 대항하는 투쟁이며 테러를 응징하는 십자군 전쟁이다." 주변의 모든 언론들은 반발과 우려의 소리를 질러댈 수밖에 없었다. 주변국들의 입장과 살살 달래줘야 할 부분도 잊은 채 있는 그대로의 직설법을 쏘아 댔기 때문이다.

세계 전쟁사에서도 그 오명이 짙은 200년 동안의 십자군전쟁을 하필이면 왜 부시 대통령이 갖다 댔을까? 악을 뽑기 위해서는 악을 먼저 저질러야 한다. 그것은 또 다른 악을 불러온다. 결국 돌고 도는 악의 순환을 후손들에게 고스란히 물려주는 것이다.

그의 '악의 축'은 부시가 대통령으로 있는 한 많이 되풀이 될 말이 되어 버렸다. 뼈에 사무칠 나라를 만들어버린 이 한마디는 그 말 자체보다도 바로 '부시'가 했다는 데에 큰 비중을 차지한다. 하다못해 우리나라에 와서도 서슴지 않고 북한 김정일이 어떻고 하는 말을 해 댔으니 말이다.

클린턴에게 한 수 배워야 겠다는 의지가 무색하게 그의 직설적 발언들은 계속되고 있다. 이젠 당당한 정치인이 된 힐러리도 부시 대통령을 향해 직격탄을 날리기도 했다. 여기저기서 부시 대통령의 막말에 대한 불평과 불만이 거세지고 있다. 거기에 부시 대통령의 언어는 더욱 강경해져 가고 있다. 그의 표현은 전쟁터의 장군의 말처럼 들려온다. "내 눈에 흙이 들어가기 전에는 세금인상을 하지 못할 것이다.", "오사마 빈 라덴, 산 채로든 죽은 채로든 잡겠다."

똑같은 내용도 얼마든지 달리 표현할 수 있으나 그의 말 한마디는 세상을 떠들썩하게 만들기에 충분했다.

혀는 살로 된 비수이다.

TV 토론과 노무현

　대통령이 국민과의 대화에 직접 나서기 시작한 것은 1913년 미국의 우드로 윌슨 때부터라고 기록은 전한다. 프린스턴대학교의 경제학 교수인 진보 개혁가 윌슨은 '나라의 목소리'는 행정부도, 의회도 아닌 대통령의 목소리여야 한다면서 대통령은 그 자신의 말로 국민을 설득시켜야 한다고 믿었다.

　이렇게 윌슨과 루스벨트는 연설문 쓰기부터 심혈을 기울였다. 수사적 대통령을 제도화한 루스벨트는 라디오연설은 물론이고 백악관에서 노변정담만 28차례 가진 바 있다. 대통령으로서 성공 여부는 국민을 설득하는 데 좌우됨은 이제는 평범한 진리가 되었다. 국민의 마음을 움직이려면 국민 마음속에 신뢰를 안겨줘야 한다.

　노무현 대통령은 첫 TV 국민과의 대화로 그야말로 '토론 공화국' 시대를 열었다. 토론이라기보다는 노무현 당선자의 개인적인 생각을 들여다보고 싶은 국민들의 궁금증을 푸는 자리로 생각된다.

그 이전 대통령 후보로서 노무현 후보는 시종일관 안정적인 이미지를 부각시키려는 데에 온힘을 다 들였다. 예측불허의 불안감이 감돈다는 주변의 우려가 그를 이렇게 꽉 조여 놓았다. 노 후보는 침착성을 잃지 않았으며 말의 템포도 느리게 나아갔다. 노 후보는 상대후보의 공격에 어느 정도 이력이 난 듯 토론회 횟수가 늘어날수록 방어하는 데에도 공격의 수위를 높여 나갔다.

눈에 확연히 보여지는 TV속 후보는 말뿐만 아니라 이미지에서도 상당한 신경이 쓰이게 된다. 외모에서도 사람에게서 풍기는 분위기라는 것이 있다. 한 나라의 대통령은 세계 속의 인물이 되어야 하기 때문에 TV

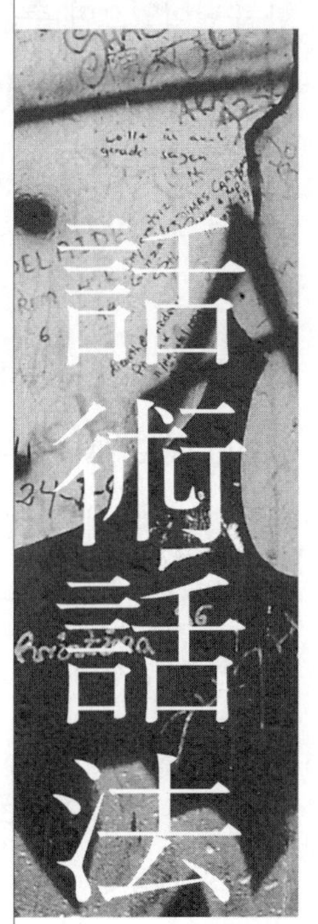

토론은 국민 앞에서의 면접이나 마찬가지였다.

여성들의 다양한 패션스타일보다는 다소 평준화된 양복이기 때문에 양복의 색과 넥타이의 색의 조화에 가장 관심이 가게 된다. 역시 노무현 후보는 안정적인 이미지라는 캐치프레이즈 범주 안에서 그러한 이미지에 촉각을 곤두세웠다. 자신의 약점을 감출 수 있는 주무기가 바로 넥타이의 색깔이었다. 노무현 후보는 안정적이라는 이미지 고수 때문에 넥타이 모양도 가장 고전적이었으며 붉은 색을 맸다. 불안한 후보라는 이회창 후보의 공세를 보란 듯이 피하기 위한 수단이었으며 추운 날씨에 대해 따뜻함을 주기 위함도 있었다.

역시 '사람'이 중심이다.

또 하나의 특징은 노 후보는 답변과정에서 접속사 사용을 최대한 줄이고 주로 단문을 구사하며 안정적인 이미지와 의사 전달에 초점을 맞춰 나갔다.

노 후보가 민주당 경선 당시 앞서 나아가던 이인제 후보를 누를 수 있었던 것도 TV 토론에서 우위를 보였기 때문이다. 그러나 그는 TV에서 긴장해 억눌렀던 자유스피치를 대중연설에서 풀어헤쳤다. '깽판', '죽 쒀도', '뒤통수치고', '쪽팔려', '열 받아', '물 먹인다' 등이 줄줄이 사탕처럼 이어 나왔다.

그의 대중이미지는 "나는 있는 그대로 보여주는 게 좋다."를 고수하고 있다. 융통성이라고는 없는 듯한 인상을 주기도 하는데 그런 그도 많은 대중이 모인 연단에서는 돌연 다른 사람이 되어버린다. 대중연설과 TV 매체는 상황설정부터가 다르다.

이제는 TV 매체와 친해져야 하며 TV를 통해 수시로 국민들 앞에 서 줘야만 할 것이다. 이제는 그가 좋아하는 감색 양복에 빨간 넥타이만 고집해서도 안 될 것이다.

"본인은 옷을 잘 입는다고 생각하세요. 그게 단점입니다."라는 측근의 말도 기억난다. 더구나 부인 권양숙 여사도 관상이 좋다는 이야기를 어른들께 많이 들어왔다고 한다.

만인의 스타가 되어야 할 대통령의 자리에 섰다. 스타라는 것에는 많은 긍정적인 표현을 감추고 있다. 이제 대통령은 국민의 사람이다. TV 토론으로 국민과의 만남을 자주 가질 사람으로 보여야 하기 때문에 더욱 가깝게 다가서고 친구 같은 말솜씨를 가져야 한다.

전 국민의 시선은 TV로 모아졌다. TV 속의 대통령 감을 찾아 나서야 했다. 3차 대선후보의 토론 시청률은 36.6%나 되었다. 1차 33.8%, 2차 32.3%에서 확실히 상승한 기록이었다. 시청 점유율 역시 1, 2차 때보다 더 높아졌다(시청률조사기관 TNS미디어코리아).

그 밖에도 성인 남녀 2만 여 명을 대상으로 여론조사를 실시한 결과에서도 대선후보 결정에 가장 영향을 미치는 매체로 TV 토론을 꼽았다. 역시 그 여세로 TV 뉴스선호도는 단연 높았다. 그러나 연령층이 높을수록 신문과 잡지를 꼽았다는 것도 기억해 둘 만하다. 왜냐하면 이회창 후보를 지지하는 층에서는 오히려 신문·잡지가 가장 높았고, 노무현 후보를 지지하는 층에서는 TV 토론과 TV 뉴스가 단연 높았기 때문이다.

TV 토론에서의 노무현 후보는 앞서가는 미래를 향해 나아가는 대표주자가 되었다.

다시 TV광고 미방영 1편 〈미소 편〉을 보면 주제어가 "소탈한 웃음이 대한민국을 바꿉니다."였다. 이웃집 아저씨 컨셉으로 친근함을 강조했다. 그는 소매를 걷은 와이셔츠를 입고 기타를 치며 다가왔다. 그 기타 치는 소탈함으로 안방으로 들어와야 한다. TV의 강력한 특징은 역시 매우 가깝고도 인간적인 방식으로 국민 한 사람 한 사람의 거실이나 안방으로 들어가게 해준다. 이와 관련해 재미슨과 캠벨은 "텔레비전 스크린의 언어는 클로즈업 언어이다."라고 규정지은 바 있다. 실제로 TV 연기자를 거리에서 보게 되었을 때 그 연기자가 매우 낯선 인물임에도 우리는 매우 친근한 동료쯤으로 여기게 되는 것이다.

루스벨트 대통령은 라디오에 맞는 좋은 목소리와 톤과 화술로 능력을 평가받았고 레이건 대통령은 TV 매체에 강점을 갖고 부드럽고 친근한 목소리, 세련된 매너로 역시 사랑과 존경을 한몸에 받았다.

소탈함을 주무기로 노무현 대통령도 안방으로 성큼성큼 들어올 것을 기대해 본다.

노무현 대통령이 당선되었을 때 세계는 예측불허의 신인의 등장으로 인하여 당황하는 기색이 역력했다. 세계 유수의 언론에서조차 노무현 당선자의 이름과 노태우 전 대통령의 얼굴을 턱 하니 붙여 놓았을 정도이니 말이다. 하기야 우리조차도 각 TV매체에서는 노무현 대통령의 첫 출발 리포팅을 "노태우 아. 아니 노무현 대통령…" 이렇게 시작되는 뉴스를 들을 수 있었다.

아무튼 신예 대통령에 대한 서구의 관심은 노무현 대통령의 '말'을 빌어서 소개하기 시작했다. 그에 대해 전혀 아는 바 없으며 과거의 3김처럼 주요 정치 인물로서도 거론되지 않았기 때문에 국제 외교가의 반응은 예측불허 그 자체였다.

그나마 TV 토론에서의 노무현 당선자에 대한 소개가 그들이 가져갈 수 있는 최대의 자료였을 것이다. 그가 무엇을 말하였는가가 그들의 관심의 초점이 되었을 것이고 또 앞으로도 노무현 대통령의 말을 주의 깊게 지켜볼 것이다.

TV 토론은 확실히 실보다는 득이 많았다. 물론 좀더 전문성을 갖춰야 한다는 자성도 많았지만 선거자금이 부족하지 않을 정도로 미디어.선거가 자리를 잡아가는 계기가 되었다. 무차별적 금품살포와 국가기관의 선거개입 등도 거의 문제시 되지 않을 정도로 숨어들어갔다는 것이 대부분의 총평이었다. 여기에 지역감정도 따라서 거의 평준화되어가는 것이 아닌가 싶을 정도로 그렇게 색깔 논쟁이 일어나진 않았다(호남을 제외하고는).

　무엇이든지 새로 생기는 것이 있으면 그에 맞는 편법과 요령도 살아나기 마련이다. 앞으로 우리가 해결해 나가야 할 중요한 과제가 아닐 수 없다.

사람을 가장 빨리 움직이게 하는 것은 '말'이

대체로 여성은 외모를, 남성은 말을 가지고 상대를 끌어들이는 수단으로 사용한다고 알려져 있지만 긴 역사를 보더라도 구별 없이 모두 사용되어져 왔다.

클레오파트라는 천성적으로 언어능력이 탁월했다고 전해진다. 오히려 얼굴은 그리 미인인 편은 아니었다는 것이 전문가들의 진술이다. 클레오파트라를 소설로 그리면서 또 영화로 보여주면서 외모에만 100% 초점을 맞추어 온 탓으로 세기의 미녀라는 카테고리가 만들어진 것이다.

그녀는 여러 나라 언어를 자유롭게 구사하였고 설득과 협상능력도 돋보였다고 한다. 가장 중요한 것은 그녀는 모두를 황홀하게 만들 만큼의 아름다운 목소리를 지니고 있었다. 그녀의 목소리와 자태(얼굴도 그리 미인은 아니었고 육체적으로도 빼어난 체형도 아니었다)는 철저한 여성차별주의자였던 카이사르를 단번에 사로잡았다. 그녀의 유혹은 바로 말에서 풍겨 나왔던 것이다. 결국 클레오파트라의 말은 국가를 견고히 하는 수단이 되었으며 자신을 지키는 방어책이 되었다.

남성의 경우도 유럽의 봉건제가 무너지면서 무력 대신 자신을 굳건히 할 그 무엇이 필요했다. 웅변술! 말로 자신의 목적을 관철시켜 나가고 권력을 장악하려는 데에 눈이 뜨이기 시작했다. 웅변술은 대중을 설득시키고 더 나아가 대중을 유혹하는데 큰 몫을 했다. 과거에 여성들이 썼던 여러 가지 유혹의 방법들도 동원하기 시작했다. 이것이 모여서 한 사람의 카리스마를 만들어 낼 중요한 자산이 되었다. 결국 이것이 무력을 사용하지 않고도 막강한 권력을 쥘 수 있는 계기

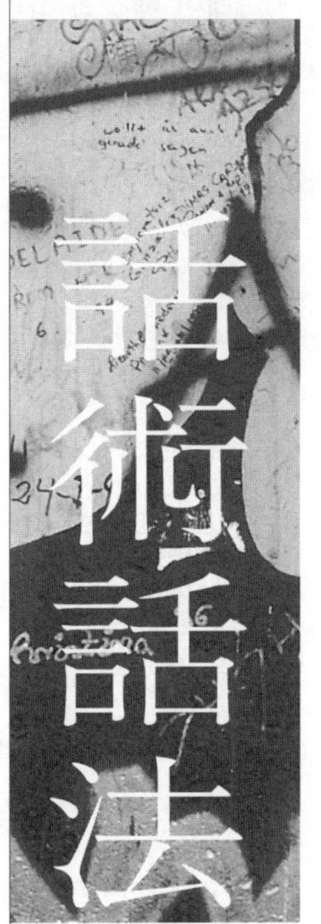

가 되었다.

카리스마와 권력은 운명이 아니라 쟁취다. 말 많고 탈 많은 게 우리네 살아가는 인간사다. 말로 시작되는 것이 역사다.

말 좋아하는 것이 우리나라 사람의 특징일 수 있는데 말을 제대로 못 한다는 아이러니가 왜 따라붙는 것일까?

말을 먼저 꺼내기 좋아하는 사람은 참 드물다. 하다 못해 친목모임이라도 "한 말씀하시죠." 하는 말은 죽어도 싫어하는 사람도 "대신 노래라도 불러야죠." 하면 노래는 한다.

노래야 애창곡 하나만 죽어라 연습하면 어느 정도는 따라가기 마련이어서 그것만 해도 손해 볼 것은 없다. 그러나 말은 다르다. 상황에 따라, 모인 사람들의 성격에 따라 말은 달라져야 하고 임기응변이 요구되기 때문이다.

첫째, 꼼꼼한 준비가 필요하다. 1분을 말하든 30분을 떠들어야 하든 처음부터 끝까지 준비성에 달려 있다. 스피치에 대한 중요성의 부재도 그렇고 스피치의 중요성을 인식했다면 반복적인 연습이 필요하다. 거울 앞에서 원고를 내려다보지 않으며 여러 표정으로 말해보는 연습은 무척 소중하다. 또 하나 빠뜨려서는 안 되는 것으로 녹음해서 들어보는 일이다. 자신의 목소리는 자신이 들을 줄 모른다. 잘 파악하지도 못한다. 녹음해서 자신의 목소리를 들어보라. '이거 웬 이상한 소리야' 하고 놀랄 지도 모르니까. 자기가 자신의 목소리에 점차 적응해 가는 과정이 좋아지는 길이 될 테니까.

둘째, 누구나 내 마음 알아주겠거니, 나랑 비슷한 생각일 거야라고 속단해서는 아무 말도 할 수 없게 된다. 내가 이렇게 말하면, "그거 나도 알아.", "뭐 뻔한 애길 가지고 … 식상하게 시리."

뻔한 이야기도 자기가 다르게 양념 치고 간을 맞춰 새롭게 보일 수도 있다. 과감하게 시도해 보는 노력이 필요할 뿐이다.

셋째, 상대방이 싫어할 말은 가급적 피해주는 게 예의이고 배려이다. 전라도 사람이 끼어 있는 줄도 모르고 전라도 욕을 마구 해대는 사람을 봤다. "한 번 흥분하면 가라앉질 않거든. 그냥 나와 버렸네. 아이고." 뒤늦은 후회는 소용없다.

종교나 정치노선에 대한 견해, 첨예한 대립이 생기는 각종 이론들에 대해서는 자신의 결론을 미리 밝히고 이러니저러니 해봤자 "참, 말 잘하는 사람이군."이란 평은 저 먼 하늘 위 구름 속 이야기일 뿐일 것이다. 결국 자기만 손해다.

이러한 작은 노력을 시도하면서 남 앞에서 한마디라도 해보려는 노력부터 시작하는 것이다. "빨리 끝나라." 이 말만 주문처럼 되내어서는 발전이 없다. 처음엔 실수를 하더라도 해봐야 한다. 이렇게 말문을 여는 연습은 전문가의 도움을 받는 것이 가장 좋은데 자신의 노력으로도 얼마든지 개선될 수는 있다. 문제는 자신의 의지이다.

여기서 우리가 생각해 봐야 할 것은 자신의 의지가 먼저냐, 말하는

연습이 먼저냐 하는 것이다. 무작정 연습만 한다고 남 앞에 설 수 있느냐? 먼저 자신감이 선행되어야 하지 않을까 하는 것이고, 자신감은 생각하지도 않고 처음부터 끝까지 스피치 훈련만 했다 했을 때 어떤 것이 더 좋은 방법일까?

닭이 먼저냐 달걀이 먼저냐 일까?

나의 경험과 주변 아나운서들의 과정을 죽 지켜본 결과, 말을 열심히 훈련한 결과 자신감은 저절로 생기더라고 확실히 말할 수 있다. '말'이라는 것은 참으로 묘해서 죽어가는 사람도 살리고 멀쩡한 사람을 죽일 수도 있다. 스피치 연습이라는 과정 속에서 의도적인 말의 만남이었지만 그것이 나의 가슴속 그리고 잠재의식 속에 새겨지기 시작하면서 내 것이 되었고 마침내 자신감이 생겨났다. 내가 내 자신에게 거는 말은 이렇게 소리 없이 나를 만들어간다. 말의 보이지 않는 대단한 위력이다.

화원을 하는 내 친구는 워낙 꽃을 좋아해서 오랫동안 꽃과 같이 살아오고 있다. 그녀는 화분마다 예쁜 이름을 붙여주며 아침마다 말을 건넨다. "살살아. 잘 잤니? 오늘 싱싱해 보인다.", "꽃분아, 꽃이 언제나 피려나?" 부드럽게 말을 건네준 화분은 예년보다 꽃을 일찍 피고 "넌 왜 이리 쪼그라들고 있니? 안 예쁘잖아." 하고 투정하는 식의 말을 건넨 화분은 영영 꽃을 피우지 않더라는 것이다. 식물이 말을 듣는다는 것은 그리 놀랄 만한 이야기는 아니다. 많은 학자들도 저마다 과학적인 증명을 해대고들 있다. 동물과 식물이 인간의 말을 듣고 그에 맞게 달라진다는 것에서 좀더 나아가 이제는 대상이 무생물이다. 돌과 물도 인간의 말을 듣는다는 것이 속속 입증되고 있다. 굳이 과학적 결과물을 들이대지 않더라도 우리의 감성 하나만으로도 충분히 느낄 수는 있다.

모든 존재물들은 이렇게 말에 따라 반응을 하고 달라지려 한다. 나와 가장 가까운 내 자신은 내가 하는 말에 따라 달라질 수 있다는 것은 너무나 자명한 이치다.

스피치는 개인의 자아실현이나 성공에만 관련된 것에서 더 나아가 공동체에 기본이 되는 점에 스피치의 강점이 있다. 한 조사에 의하면 미국 상원의원 중 80% 이상이 대학에서 스피치 토론을 배웠다고 한다. 자신의 역량을 높이기 위해 그리고 조직의 한 일원으로 나아가서는 조직을 이끌기 위해 스피치는 이제 산소와 같은 의미로 다가온 것이다.

2003년 3월 5일 중국의 주룽지 총리가 전국 인민 대표대회(전인대)에서 12년간의 경제여정을 끝내고 은퇴했다. 정치에는 무관심한 상하이 사람들도 이날 만큼은 주 총리가 은퇴하는 모습을 TV를 통해 지켜보며 아쉬워했다. 중국 경제의 황제라고 불릴 만큼 그는 과감히 중국 경제의 환부를 도려내는 것으로 그의 뚝심 개혁을 시작했다. 어느 누구보다도 청렴했고 그런 만큼 강한 자신감과 단호함으로 부패와의 전쟁에 나선 사람이었다.

그는 지난 1998년 밀수 단속에 나서면서 "핵폭탄과 항공모함을 빼놓고는 모두 동원하라. 100개의 관을 준비하라. 그 속에 내 것도 있다."라고 외치며 중국을 청소하기에 이르렀다.

이 밖에도 여러 가지 그의 업적은 중국이 발전하는 데에 혁혁한 공신으로 후손들에게도 많이 회자되리라 본다.

국민들의 아낌없는 사랑을 받았던 지도자 주룽지의 은퇴로 많은 사람들이 그의 단호한 칼날 같은 직설적 화법을 그리워하게 되었다. 정곡을 찌르는 명쾌한 말은 군살을 뺀 날렵한 몸매 같다. 중국인답지 않게 흥분도 잘했던 주 총리는 외신기자들에게도 서슴지 않고 훈계조의 발언을 한 것으로도 유명하다. 중국에 비판적인 외신기자들에게 날린 말 "중국을 더 공부하시오."

깔끔하다.

조직의 지도자들은 스피치에 대한 관심조차 갖고 있지 않기 때문에 주룽지의 굵고 짤막한 스피치는 두고두고 귀감이 될 만하다. 은퇴하는 자리였던 전인대 연설에서 그는 "이미 연설 자료를 다 배포했으니 요점만 말하겠습니다."라는 파격적인 세련미를 보여주며 장내의 열렬한 박수를 받으며 내려왔다.

주룽지 총리가 스피치에 대한 교육을 받았는지는 확인할 길이 없다. 그러나 그가 다녀간 자리에서는 항상 그의 빛나는 말이 따라다녔으며 그의 말을 주워 담으며 경탄해 마지않는 세계의 여러 기자들과 지도자들은 주룽지 총리로 인해 중국이라는 나라를 묵중하게 느꼈을 것이다. 그는 말에 대한 타고난 감각이 있었다. 더구나 그것을 십분 잘 활용할 줄도 알았다.

중국에 대한 배타적 감정이 가득했던 미국인들도 그의 말 한마디로 웃음과 박수갈채를 아낌없이 쏟아내 주었다. 말의 힘을 누구보다도 잘 알고 있던 지혜로운 사람 주룽지.

사람을 가장 빨리 움직이게 하는 것이 말이면서도 한 사람의 물러남 뒤의 여운도 우리는 그 사람의 말을 통해 되새기고 기억하고 싶어 한다.

말의

막강한

힘

스타는 '말' 로 다듬어지고 원숙해진다
말을 디자인하자
아라비안나이트
세상은 유혹덩어리다
세상을 돌리는 기운은 말이다

스타는 「말」로 다듬어지고 원숙해진다

세계적인 배우들이 탄생하는 미국 할리우드에는 스타를 위한 발음전문 치료사가 있다. 로버트 이스톤! 그를 거쳐 간 배우들은 모두가 대스타의 이름으로 불렸다.

대사를 받아 그저 줄줄 외운다고 배우가 되는 것은 아니다. 물론 생각나는 대로 말하는 두려움은 없다 하더라도 쓰여진 대사를 얼마만큼 소화해서 내 것으로 만드느냐가 관건일 것이다. 배우들은 말 한마디에 집중하면서 맹훈련을 한다. 자신의 격을 높이고 주가를 올리는 일에 있어서 이만큼 언어구사는 중요한 것이다. 스타는 만들어진다는 말이 있다. 바로 이런 데에 세심한 노력이 스타로 빛나게 하는 것이다.

관능적 미를 발산했던 마릴린 먼로 역시 그녀의 목소리를 빼놓고는
이야기할 수 없다. 그녀는 어린 소녀의 목소리와 성적 매력이 흐르는
목소리를 겸비하고 있었다. 자신의 특성을 한껏 살리기에 충분했으
며 신비하고 마술적으로까지 보이는 인상을 주기에도 목소리는 기가
막히게 들어맞았다. 그녀는 음악적 재능이 아니라 관능적인 목소리
하나로 영화음악에도 일조를 했을 정도였다.

배우나 연기자 같은 스타들은 자기의 이름이 곧 브랜드이다. 브랜
드는 고유한 개성을 창조하고 어떻게 해서든 자기 이름과 개성을 밖
으로 드러내어 알리는 것이다. 스타는 더욱더 절실하다.

군계일학의 브랜드가 되어야 하기 때문이다. 하늘에 무수한 별들
중에서도 더욱 더 눈에 띄게 반짝여야 한다. 고품질의 빛을 발광해야
한다. 우리의 일상생활도 그렇지만 연예계는 그 흐름 속도가 무척 빠
르다. 물 흘러가듯 그렇게 소리 없이 흐르고 흐른다. 한 번 담갔던 물
에는 죽어도 다시 한 번 담글 수 없다. 그렇게 연예계의 흐름은 냉정
하게 흘러갈 뿐이다. 한 번 스타는 영원하지 않다. 오히려 내려가는
지름길일 뿐이다.

하루에도 수없이 많은 신인들이 고개를 쳐들고 호시탐탐 기회를 엿
보고 있다. 새로운 브랜드가 고개를 내민다. 사람들은 새로운 것을

신선하게 여기며 반기고들 있다. 자신의 브랜드를 유지하고 더욱 빛을 내게 하기 위해 스타는 '말'을 잊어서는 안 된다. 외모는 조금씩 조금씩 바뀌어 간다. 자연의 이치다. 바뀌지 않는다면 오히려 반브랜드가 될 것이다.

아카데미 시상식이나 오스카 시상식 등을 봐도 유명 배우들은 스피치도 일품이다. 거듭 강조해 말하지만 그들은 자기 말에 대해서도 훈련을 아끼지 않는다. 연기는 기가 막히게 하면서 막상 자기 말을 시키면 울먹이는 것으로 말을 대신하는 식의 고리타분한 연기자는 이제 신물이 난다.

지난 2002년 월드컵대회에서 우리는 멋진 세리머니를 기억한다. 골을 넣고 나서 선수들은 자신들의 소감을 몸으로 표현한 것이다. 100인 100색이라고 사람마다 말이 다를 수 있듯 표현도 다르게 나타나는 것이 재미있었다.

영화는 보지 못했어도 아카데미 수상식에서 그들의 연기 아닌 진실된 수상소감을 보는 것만으로도 풍족감을 느낀다.

2002년 제74회 아카데미상은 역사에 기록될 만큼 흑인의 감동이 물결친 때였다. 1964년 시드니 포이티어가 수상한 이래 38년 만의 일이었으니 말이다. 할 베리와 덴젤 워싱턴 모두 흑인 배우가 최고 남녀 주연상을 받았기 때문이다. 할 베리는 수상 소감에서 "이 시간은 앞서간 많은 이들을 위한 순간입니다. 많은 유색 여배우들이 열고자 했던 그 문이 이제야 열렸습니다."고 말했다. 이어 "이 무서운 세계에서 저를 도와주신 것에 대해 감사드립니다."고 심경을 토로했다. 그보다 더 감동스러웠던 순간이 있다. 할 베리에 앞서 공로상을 수상한 포이티어가 원고 없이 가라앉은 어조로 유색인종 배우로서 할리우드에서 자기 길을 걸어간다는 게 무엇을 의미하는 지를 얘기하면서 그는 "앞서간 이들의 어깨를 딛고 내가 설 수 있었습니다." 하면서 리처드 브룩스, 스탠리 크레이먼, 랠프 넬슨 등 작고한 많은 흑인 선배 배우들의 이름을 거명했다. "바로 이 자리에 함께 하고 있는 그들에게 이 모든 영예를 돌립니다."고 말해 기립박수를 두 번이나 받았다. 영화보다 더 진한 감동의 순간이었다.

1999년 시상식에서는 우피 골드버그가 무려 10번이나 옷을 갈아입고 나오면서 시상식을 이끌었던 것이 머리에 떠오른다. 짐 캐리는 편집상 시상자로 나왔다.

"저는 편집상 시상자로 나왔습니다. … 음. 그것뿐이죠, 뭐. 수상식 구경하고 파티에나 가야죠. … 상 받는 게 뭐 대수인가요? … 어쿠! 죄, 죄송합니다. 제가 제 이름에 투표했지만 소용없었네요. 후후."

짐 캐리는 자신이 후보 지명을 받지 못한 것으로 한바탕 웃음을 주고 갔다. 기분 좋은 만남이었다. 그리고 어느 글에서 본 것인데 출처도 모르겠고 어느 배우의 이야기인 지도 모르겠다. 그러나 너무나 감동적이어서 소개한다.

"거의 10년 전에 미국에서 열리는 아카데미 시상식에서 있었던 일입니다. 저는 TV를 통해 이것을 지켜보고 있었습니다. 전 세계의 유명한 스타들이 화려한 의상을 입고 모여서 시상을 할 때마다 감사의 소감을 말하고 있었습니다. 여우조연상을 발표할 때였습니다. 이미 다른 부분에서 화려하고 수려한 배우들이 시상을 끝내고 수상소감을 멋드러지게 끝내고 내려간 다음이었죠. 사람들은 여우조연상이 누구에게 돌아갈 것인가 주목하고 있었습니다. 그런데 후보자 중에서 뜻밖에 아주 왜소하고 인물도 잘 나지도 못하고 나이도 많을 뿐더러 별로 주목받지 않았던 화려한 배우도 아닌 배우가 수상자로 지목 받고 있었던 겁니다. 이 배우는 주로 악역을 전문으로 하거나 성격이 특이한 독특한 배역을 맡았던 배우였습니다. 정확히 이름이 기억나지는 않습니다만 그 배우는 천천히 사람들의 눈길을 받으며 연단으로 올라갔죠. 사람들은 그녀가 어떤 수상소감을 발표할 것인가 궁금해하며 숨죽이고 기다렸습니다. 그녀는 천천히 그러나 매우 강하게 말했습니다.

"전 이상을 받을 자격이 있습니다."

떡 하니 이 말만 하고는 그녀는 트로피를 든 손을 하늘높이 번쩍 쳐
들었습니다. 그녀의 눈에는 눈물이 고여 있었습니다. 그리고 도도한
태도로 자리로 돌아갔습니다. 한동안 이 뜻밖의 말을 듣고 멍해 있던
연회장의 수백 명의 사람들은 갑자기 자리에서 벌떡 일어나 진심 어
린 뜨거운 기립박수를 보내기 시작했습니다."

그녀의 진가는 바로 여기에서 완성되었던 것이다.

말을 디자인하자

　말이 한 사람을 전부 대변할 수는 없다. 그러나 거의 대부분을 대신할 수는 있다. 그렇기 때문에 의사를 정확하게 전달해야 한다. 말은 마음을 담는 그릇이다. 말은 내 자신이라는 회사에서 생산해 내는 제품이다. 내 제품이 훌륭하고 내놓을 만해야 많은 사람들이 좋아하고 구입해 갈 것이다. 내 제품으로 인해 그 회사의 이미지를 살리고 또한 회사는 우뚝 설 수 있는 것이다. 성공이라는 것은 제품을 얼마만큼 훌륭하게 만들어 내느냐에 달려 있다.

　'나'라는 회사를 경영할 때 가장 신중을 기해야 하는 것이 내가 하는 '말'이라는 데에 모든 결과물이 귀결되는 것이다.

　내가 긍정적인 말을 하고 상대에게 부드러

운 말을 건넬 때마다 나의 내장도 즐거워하고 편안해 한다. 내가 웃으면 내장도 따라 웃는다고 생각하면 된다. 빈 입에 염불하라는 말이 그래서 나온 것이다.

반면 동양의학적인 관찰을 보면 역시 말은 우주를 움직이고 사람의 오장을 움직이게 하는 원동력이라고 설하고 있다. 우리가 흔히 음성이라고 했을 때 '음'이란 높낮이가 있는 소리이고, '성'이란 높낮이가 없는 억양이라고 정리할 수 있다. 음은 5음으로 나누는데 이것을 이해하기 쉽게 해석하자면 각, 치, 궁, 상, 우의 5종류이다. 이것은 곧 목, 화, 토, 금, 수를 나타내기도 한다. 바로 우주만물의 근원인 '태극'이 나오는 것인데, 이것이 음양의 조화로서 모든 만물을 형성한다. 이 음과 양은 5행으로 퍼져 우주와 사람의 내장까지 움직이게 하는 힘을 발휘

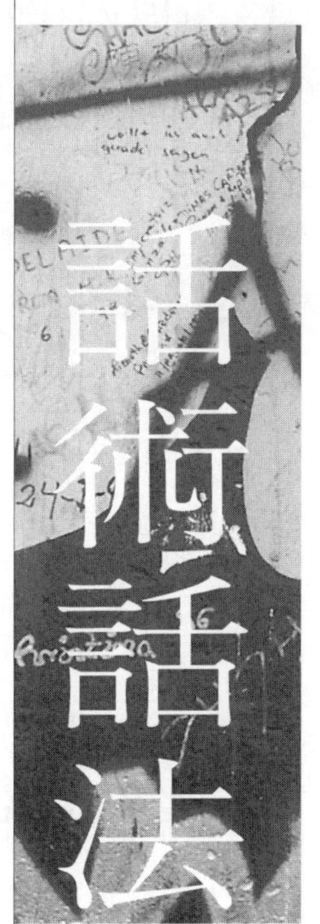

한다.

우리가 무심코 쓰는 모든 말 한마디 한마디는 곧 음양오행의 기운을 돌리는 중추적인 역할을 한다.

이렇게 정신적·육체적인 영향력을 행사하는 '말'은 우리가 잘 사용해야 할 의무까지도 생각을 넓힐 수 있다.

말은 잘 써야 한다. 잘 활용해야 한다. 내가 하루 동안 의식적이든 무의식적이든 공기 중으로 내보냈던 말을 녹음해서 들어본다면 얼마나 불필요하고 억센 말들을 마구 해대었는지 새삼 놀랄 것이다. 이제 말은 정리되고 다듬어져야 한다. 말을 디자인해서 다른 분위기를 연출할 수 있어야 한다.

 ## 대명사는 가급적 피해야 한다

'여기, 저, 거시기, 그 있잖여' 등등의 말이다. 한 번 쓰기 시작하면 습관성이 되어 버려 입에 달라 붙어버린다. 자신은 뜻을 알고 있지만 입에서는 그냥 나와 버리는 말들이다.

평소에 '거시기'를 밥먹듯이 쓰길 좋아하는 선배 PD인 K씨는 후배들이 쿡쿡 웃는 가운데에서도 멋쩍게 자꾸 썼다. 처음엔 유머스럽게 보이려고 하나보다 했는데 그것이 매일 매일 계속되는 것이었다. 더구나 공식적인 자리인 회의석상에서도 서슴지 않고 "내가 어제 거시기 했는데 다들 거시기 해야 합니다."라고 하는 것이었다.

더 심하게는 방송사고가 생겼을 때 일이다. 위급한 상황에서 모두가 화급해 할 때였는데 K씨 역시 흥분한 채로 진두지휘를 하며 뛰어다녔다.

"어이. 거시기 박 PD! 지금 말야 거시기 해야 하니까 빨리 거시기 해! 알았지?"

정말 어려운 말이다. 여기서 첫 번째 거시기의 뜻과 두 번째 거시기의 뜻이 서로가 틀리니 말이다. 밑줄 쫙 그어서 설명을 달아야 할 판이다. 무슨 국어시험도 아니고 말이다.

자꾸 쓰면 습관 된다. 빨리 고쳐야 한다.

 ## 확실하게 말하자

행사장에 리포팅 하기 위해 나갔을 때 일이다. 행사에 참여한 사람들을 만나 인터뷰를 했다.

"오늘 이 행사에 참여하셨는데요. 소감이 어떠십니까?"

"오늘 잘 나온 거 같아요."

더 이상 할말이 없어진다.

친구와 전화할 때였다.

"요즘 어때? 하는 일 잘되어 가니?"

"뭐 그렇지 뭐."

"그게 뭔데?"

"그냥…."

"그냥이라니! 잘돼?"

"잘된다고 할 수 있을 수도 있고 아닐 수도 있고."

상대가 얄미워진다. 한 대 쥐어박을 수도 없고.

TV에서 어느 리포터가 음식점을 방문하여 이리저리 음식맛을 보며 주방장과 여러 이야기를 나누는 장면을 보았다.

"와. 이 요리 정말 맛있어 보이네요. 한번 먹어보겠습니다. 맛이 기가 막히게 맛있는 것 같아요. 주방장님 어떠세요. 매일 만드시고 매일 드시나요?"

"호호. 그렇지요 뭐."

서로 말도 아닌 말을 주거니 받거니 하고 있었다.

'~ 같아요'의 남발과 이렇게 뜻이 없는 괜한 사족은 과감히 빼버려야 한다. 썩은 이 뽑듯이.

 **상대방이 말할 때 말허리를 자르지 말자**

한창 신나게 말하고 있는데 엉뚱한 질문을 던지는 사람이 있다. 그런 사람은 그 상대가 누구이든지 언제 어디서나 꼭 이렇게 끼어 들어야 직성이 풀리는 형이다.

"그래서 내가 복권을 샀거든?"

"어? 너두? 아, 웬 일이야? 짠물이!"

"너두 해봐. 갈켜 줄께. 어떻게 하냐믄 말야… 먼저 은행에 가서 종이를 달라 그래. 아니면 복권 파는데 가서 종이 달라고 해도 돼. 그런 다음에…."

"근데 너 오늘 점심 뭐 먹었니?"

한창 이야기하느라 열을 내고 있을 그 순간에 찬물을 끼얹는 질문을 던진다. 더 이상 말할 기분이 안 난다

 **짧게 말해야 듣기 좋다**

말을 디자인하자는 취지에서 가장 중요한 것은 짧게 다듬는 것이다. 머리모양을 다듬듯 정갈하게 다듬어야 한다. 채소를 깨끗이 다듬어 불필요한 부분은 자르고 버려서 보기 좋게 요리하기 전에 준비를

해 놓듯이 말도 그렇게 다듬어 놓아야 듣기 좋다.

말은 자꾸 해 버릇하되 길게 펼쳐 놓듯이 죽 늘어놓아서는 좋지 않다. 내 소개는 1분 정도면 충분하다. 방송에서 3초 이상 침묵이 흐르면 방송사고로 이어진다. 이때 3초면 3시간의 무게로 느껴진다. 3초가 얼마나 길고 무서운지 당해보지 않으면 그 무거운 시간의 중압감을 피부로 느낄 수 없을 정도이다. 1, 2초를 다투는 작업이 방송이다 보니 초단위의 소중함은 남다르다.

어느 회사는 비즈니스 프리젠테이션 학습을 위해 엘리베이터에서의 승부를 연습시킨다. 1층에서 30층까지 엘리베이터가 올라가는 동안 자기가 홍보하려고 하는 부분을 상대방에게 충분히 설득시켜야 하는 것이다. 이런 훈련은 한정된 시간 안에서 말과 시간의 조화를 배워나갈 수 있어 바람직하다. 짧고 명확하게 말해야 상대방의 귀에 명확하게 들어가게 된다. 내가 말하고자 하는 중요부분만 주입시키면 되는 것이다.

 구체적으로 일관성 있게 말하자

'말은 참 잘하지만 무슨 말을 한 것인지 남는 게 없다' 는 것은 거품만 풍성하게 구름 잡는 이야기만 한 격이다. 훌륭한 스피치는 머리에 그려지듯 그렇게 구체적으로 표현되어야 한다. 그래야 상대방은 비교적 오래 그 말을 기억할 수 있기 때문이다. 처음에 해야 할 말이 있어서 말을 시작했는데 이리저리 쏠려 다양한 말을 늘어만 놓았다가 용두사미 격으로 끝이 없이 흩어져 버리고 만다면 아니한만 못 하다.

생활 상담실을 진행할 때였다. 이비인후과 상담을 하는 날인데 상담전화를 받던 중이었다.

"네, 궁금한 점 있으시면 말씀하시죠. 선생님 나오셨습니다."

"아. 저기 있잖아요. 제가 코가 막혀서 그래요. 코가 … 제가 어릴 때 코를 막 쑤셨대요. 그래서 그런지 코가 안 좋은데 요즘은 또 귀도 안 좋아요. 귀가 멍 울리고 … 근데 코하고 귀하고 연결되어 있나요? 코를 풀면 말이죠 …."

"저 … 궁금한 점이 뭔가요?"

"아, 그러니까. 코를 풀면 코가 아프고 …."

"가장 불편하신 곳만 말씀하세요."

이런 식의 대화가 오가는 경우 아찔하기까지 하다.

아라비안나이트

　천일 동안의 이야기라 해서 천일야화라고도 하는 아랍어로 된 설화를 아라비안나이트라고 부른다. 어릴 때 만화나 이야기책으로 어디에서나 접했을 책이 바로 이것이다. 흥미진진한 이야기로 전 세계의 아이들이 읽어야 할 국경 없는 필독서로 꼽히곤 하는 책이다. 주요 이야기만 180편이고 거기에 100여 편의 자잘한 이야기가 곁들여져 후에 방대한 양을 이루게 되었다. 아라비안나이트에 나오는 여러 이야기도 이야기지만 이 아라비안나이트가 만들어지게 된 연유가 더 짜릿하고 흥미롭다.

　인도와 중국을 통치한 사산왕조의 샤푸리 야르 왕은 아내에게 배신당한 데서 세상의 모든 여성을 증오하고 원수를 갚기 위해 하루에 한 여자를 맞이하여 결혼하

고 그 다음날 아침에는 신부를 죽여 버렸
다. 그러던 중에 그 나라의 한 대신에게 세
헤라자데라는 어질고 착한 딸이 있었는데,
그녀는 자진해서 왕을 섬기겠노라고 나섰
다. 세헤라자데는 첫날밤부터 재미있는 이
야기를 왕에게 들려주었다. 말의 힘이 작용
했던 것이다. 왕은 그 다음날 다음 이야기
를 듣고 싶은 마음에 세헤라자데를 죽이지
않고 살려 두었다. 그렇게 해서 이야기는
1001밤이나 계속 되었다.

드디어 왕은 종래의 원한을 버리고 세헤라
자데와 함께 행복한 여생을 보내게 되었다는
이야기다.

여기서 우리가 짚고 넘어가야 할 부분이
바로 이것이다. 왕이라는 지위는 세상의 미
인들을 다 가질 수 있는 자리였다. 그런 왕이

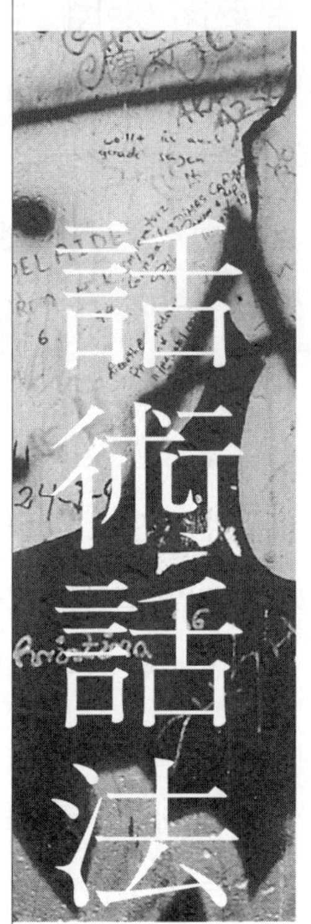

미모에 의해 마음이 달라질 수는 더 더욱이 없을 것이다. 더구나 원한에 사무쳐 살생의 칼을 갈고 있는 그 마음을 가라앉혀 줄 사람은 누구도 없었다. 그런 상황에서 '말'의 힘이 작용한 것이다. 말은 어떻게 하느냐에 따라 사람을 살리기도 하고 빚을 갚기도 한다. 물론 그 반대의 경우도 있겠지만.

세헤라자데는 목숨을 건 화술을 펼친 셈이다. 내용에서도 흥미진진한 이야기를 만들었으며 적절한 시간안배도 중요하게 다가온다. 왕은 해가 뜰 때쯤 여자를 죽여 왔기 때문에 바로 그 시점에 궁금증을 유발시킨 것이다. 해가 뜰 때쯤 왕이 그 다음에 어떻게 되었느냐고 궁금증을 참지 못하고 반문하게 만든다. 이런 식의 이야기를 계속 이어가는 재주를 말로 펼쳐간 지혜로운 여성이었다. 그 궁금증이 다음의 이야기를 만들게 했고 또 거기서의 궁금증이 그 다음 이야기를 마련해 주었다.

만일 세헤라자데가 말솜씨 대신 글솜씨가 더 뛰어났다면 사태는 어떻게 변했을까?

결과는 전혀 다르게 나타났을 것이다. 말과 글이라는 것은 사촌지간 같지만 결과는 전혀 다르다. 모든 역사가 남겨진 글에 의해 조명되고 평가받고는 있다. 하지만 더 근원적으로 따져 들어가 보면 모든 인류의 역사는 그 당시 인물들의 '말'로 인해 엮어져 흐르고 흘러 여기까지 내려온 것이다. 글이라는 존재는 한 가닥 남은 끄나풀 정도밖에는 못 되는 미약한 존재이다.

말과 글의 서로 다른 점을 생각하고 똑같은 문장을 하나는 눈으로 읽고 하나는 말로 소리내어 읽어보면 그 느낌 정도가 확연히 다르다는 것을 알게 된다.

만일 샤푸리 야르 왕이 세헤라자데가 해줄 이야기를 글로 읽어나아갔다면 결과는 다를 가능성이 있을 것이다. 왜냐하면 말이라는 것에는 말하는 사람의 억양, 목소리, 표정, 몸짓, 분위기 등의 많은 비언어적 요소들이 함께 동원되기 때문이다.

또한 똑같은 배역을 갖고 누가 연기를 하느냐에 따라 그 영화가 한껏 빛이 나기도 하고 평범해지기도 한다. 쓰여진 글대로 읽는 것이 전부는 아니다.

성격파 배우의 대표 주자 중의 한 사람으로 추앙 받는 로버트 드니로는 표정 하나만으로도 승부를 걸 만큼 표정에 모든 것을 건다. 그의 프로다운 면모를 배울 수 있다.

그는 〈대부 2〉를 위해 시칠리아에 가서 18개월이나 시칠리아 사투리를 배우고 익혔다. 그 지역사람들의 걸쭉한 사투리와 그에 맞는 표정을 습득하기 위한 그의 똑똑한 몸부림이었다. 또한 영화 속 권투선수 역을 위해 몸을 단련하고 체중을 무려 15kg까지 불리기도 했다.

예전에 강수연 씨의 인터뷰를 접한 적이 있었는데 한 영화의 주인공으로 배역을 받았을 때부터 어떻게 연습을 하느냐는 질문이었다.

"저는요. 아침에 일어나서 잠잘 때까지 줄곧 그 주인공만 생각해

151

요. 그리고 내가 그 주인공이 되었다고 스스로에게 말해요. 그리고 수시로 그 주인공이 되어서 또 그렇게 말을 하며 생활을 하지요. 그래야 몸에 배이게 되거든요. 그리고 나서 영화를 찍으면 주인공이 나고 내가 주인공이 되어서 몰입해 나갈 수가 있게 되죠."

신체의 운동은 뇌의 전두엽의 뇌세포와 연결되어 있다고 한다. 이 뇌세포의 양을 측정해 보면 얼굴과 손을 제어하는 영역이 다른 신체 부분에 비해서 상당히 크다는 사실을 주목할 필요가 있다. 우리의 감정은 얼굴표정과 손의 움직임이 전부라고 할 수 있다. 얼굴에서도 눈과 입, 근육이 가장 많이 발달되어 있다. 상대방을 보고 이야기할 때에도 시선이 가장 많이 가는 곳이 상대방의 눈과 입이다.

눈은 진실과 거짓을 판단할 수 있는 마음의 통로이기 때문이다.

더구나 세헤라자데의 기법처럼 상대방의 궁금증을 한층 불러일으켜야 할 때는 감정이라는 도구가 적절히 활용되어야만 한다. 마치 배우가 혼신을 다해 연기에 정성을 기울이는 것처럼 말이다. 정성과 감정이 잘 배합되어야 상대가 감동한다.

스피치의 원칙 중의 하나인 말의 강약 주기와 속도감은 그래서 철저히 훈련되어야 할 항목이다. 그리고 적적한 쉼을 넣어 주어야 감칠맛이 난다. 주야장창 굴비 엮듯이 말이나 이야기를 늘어만 놓는다고 전부는 아니다. 지루한 감이 드는 지름길일 뿐이다. 그리고 다양한 색채의 목소리변화가 있어야 한다. 굳이 성우가 되라는 말은 아니다. 자기 소리에서 변화가 다양하게 연출될 수 있는데 그것을 개발하지 않아서 숨겨져 있을 뿐이다. 자기 소리를 위해 많은 글을 소리내어 읽고 또 읽어야 한다.

스피치의 중요성은 아라비안나이트의 발생동기에서도 철저히 배울 수 있다.

세상은 유혹덩어리다

우리는 세상을 향해 유혹을 위해 살아간
다. 유혹! 별로 좋지 못한 뉘앙스가 물씬
풍긴다. 좋지 못한 동기를 갖고 남의 마음
을 현혹시켜 꾀거나 남을 호리어서 나쁜 길
로 꾄다는 의미가 짙게 느껴지기 때문이다.

이제는 정당한 방법으로 세상을 유혹해야
한다. 연기자가 시청자를 유혹해야 하고 세
일즈맨은 상품을 팔기 위해 사람들을 유혹
해야 한다. 대통령은 국민을 유혹해야 한다.
유혹에 대해 보다 긍정적인 생각으로 바꿔
보자.

마릴린 먼로가 영화 속에서 모든 팬들을
유혹시킨다고 누가 뭐라 이의를 제기했던
사람은 없었다. "저건 유혹일 뿐이야. 그래
봤자 유혹이라구." 이렇게 단호하게 어금니

묻고 말할 사람이 있을까?

누구나 자기가 가지고 있는 장점이 있고 개성이 있을 것이다. 그것을 적극적으로 돋보이게 하는 것은 한 사람의 고부가가치를 만드는 일이다. 부가가치가 있는 제품으로 나를 만들어내야 한다. 부가가치가 있느냐 없느냐에 따라 평과 가격이 달라지는 세상에 와 있다. 사람도 마찬가지다. 내 자신이 제품이고 상품이다.

개인의 부가가치는 겉모양은 비슷할지 모르나 내적인 면에 따라 완전히 달라진다. 남보다 더 친절하다거나, 성실하다거나, 말을 세련되게 한다거나, 열정적이라든가 하는 식의 부가가치를 올리고 객관화시켜야 한다. 그래야 몸값이 올라간다.

자기를 내세워 표현하려는 사람을 색안경

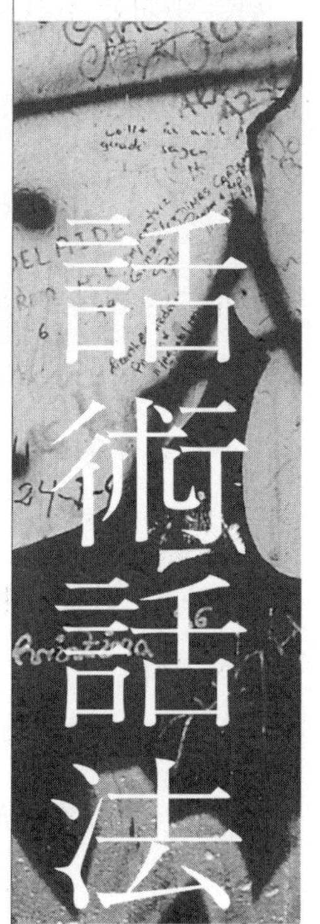

을 쓰고 바라보는 식의 문화도 문제이긴 하지만 그런 것이 무서워 잠자코 있는 게 안전하다고 하는 것은 더욱 문제다.

이젠 아니다. 이제부터는 보다 적극적으로 나를 표현하고 내다 팔아야 한다.

더구나 해야 할 말을 참고 '구차스럽게 이러니저러니 안 해도 다 알아줄 사람도 있을 것이고 반드시 알아 줄 것이야', '괜히 촐싹거려 봤자 내 위신만 깎이는 거지'. 이런 사고방식은 식자층들이 오랫동안 가지고 있던 미덕이었기 때문에 바꾸기란 더욱 쉽지 않을 것이다.

뭐든지 처음 생긴 단어의 뜻이 세월의 흐름에 따라 달리 사용되는 것은 어쩌면 자연의 이치일 수도 있다. 오랫동안 억압과 멸시를 받아온 힘없는 여성이 유혹의 기술을 발전시켜 남성의 폭력과 권력에 대처하고자 하였다. 여성에게 유혹은 하나의 힘이었으며 권력이었다. 유혹도 하나의 전략이었으며 이에 남성도 이 유혹의 기술을 배우고 익혀 또 다른 유혹의 도구를 만들어냈다. 그러면서 이것을 단지 여성을 유혹하기 위한 것에서 사회적인 목적으로 응용해 발전시켜 나갔다. 정치가나 배우, 예술가들은 이 유혹의 기술을 사용해 청중을 사로잡았다. 여기에서 큰 역할을 하는 것이 바로 '언어', 즉 '말'이었다.

모든 분야에 교묘하고 부드럽게 사람들을 설득하는 능력이 요구되면서 여성적 유혹방법과 남성적 유혹방법이 두드러지게 연구의 대상이 되었다. 작년에 있었던 16대 대선에서도 정치광고나 정치 캠페인도 유권자들을 향한 하나의 유혹이었다.

우리는 "저것이 가짜다. 그냥 보여지는 것일 뿐이야."라는 것을 입으로는 되내이면서도 눈으로 보고 귀로 들으면서 쉽게 유혹에 빠져들곤 한다. 이것은 굉장한 힘이다. 무언가에 사로잡힌 사람들은 맹목적으로 따라하고 또 그렇게 행동할 수밖에 없게끔 사고가 돌아가버리기 쉽기 때문이다.

"정신분석학에서 말하는 불안, 노이로제, 고뇌, 절망은 사랑하거나 사랑 받지 못하기 때문에, 즐거움을 주고받지 못하기 때문에 생긴다. 하지만 근본적인 원인은 유혹의 실패에서 비롯된다."

〔장 보드리아르의 '유혹에 대하여'〕

 자신을 사랑하고 자신의 매력을 찾자

남들은 좋아 보인다고 하는 것을 자신은 거부하는 경우도 있다. 이래서는 안 된다.

자신의 부가가치를 올리는 데 가장 먼저 가져야 할 마음가짐은 자신을 알고 장점을 파악하고 매력을 알아야 한다. 지피지기 해야 백전백승하러 갈 수 있으니까 말이다.

형광등 위가 가장 어둡듯이 자신이 자기 자신을 잘 모를 수도 있다. 가까운 사람이 지적해 주는 경우도 아주 신선하게 다가올 때가 있다. 이럴 때 귀담아 듣는 자세가 필요하다. "에이 정말? 내가 애교가 있다구? 말도 안 돼." 하고 넘기는 경우 자기 발전의 기회를 영영 잃어버리는 격이 된다.

자기를 알고자 하는 방법으로 명상이 도움이 된다. 조용한 가운데 나와의 만남을 청해보자. 뭔가가 떠오르지 않고 아무 생각도 나지 않더라도 명상의 시간을 항상 갖도록 한다. 명상을 하기 위한 마음만 있으면 어디에서나 할 수 있다. 자기가 좋아하는 한적한 곳을 정하고 되도록이면 조용한 분위기로 자신을 편안하게 해준다. 그리고 평소 좋아하는 향이나 꽃을 갖다 놓고 명상의 시간을 애써 즐기도록 유도해 주는 일도 필요하다. 어떤 목적을 위해 애써 하려는 것은 오래가지 못하기 때문이다. 자기가 즐기고 싶고 하고 싶은 욕구를 만드는 것이 필요하다.

 목표물을 정하고 거기에 초점을 맞춰야 한다

내가 지금 세일즈를 위해 해야 한다든지 연설을 해야 한다든지 현재 내가 가장 중요하다고 생각하는 것에 집중을 해야 한다. 내가 가지고 있는 한계점을 재빨리 인식하고 그에 맞는 학습과 노력을 해야 한다. 또 한편으로는 나의 장점과 매력을 더욱 발전적으로 표현하고 개발해서 십분 활용해야 한다.

무엇이든지 상대가 있기 마련인데 세일즈를 위해서는 상대의 가려운 곳을 긁어줌으로써 유혹되도록 해야 할 것이고, 연설이라면 청중을 파악하여 그들이 원하는 것을 말해줘야 할 것이다.

상대를 항상 생각해서 그들을 위해 무엇을 해줄 것인가에 초점을 맞춰야 한다.

 상대를 편안하게 해줘야 한다

무엇인가를 팔기 위해 소비자에게 잔뜩 부담을 주는 사례를 자주 접한다. 안 사면 안 되게끔 만드는 세일즈맨들도 있다. 상대의 자존심을 긁으면서 구입하게 만드는 수법은 이제 저만치 내다버려야 한다. 세일즈뿐만 아니다. 어떤 사회생활이든지 상대를 만나 설득과 협력을 구하는 데에 있어서 마찬가지다.

오히려 상대방의 불평에 관심을 기울여 주고 다독여 줘야 한다. 그리고 즐거운 마음으로 돌려놓아야 한다. 비록 그것이 자신의 목적과 거리가 먼 대화라도 말이다.

그 사람을 보면 괜히 기분이 좋아진다는 느낌이 들도록 하기 위해서는 많은 투자와 시간이 필요할 지도 모른다. 느리게 가더라도 목적성에 맞게 상대방을 편안하게 해주기 위해 시간을 들일 수 있다. 이성적이라기보다는 감성적으로 다가가는 것도 편안함을 안겨주기에 적당하다. 이성과 감성은 왼손, 오른손같이 함께 붙어 다녀야 한다. 적절히 배합해서 상황에 따라 비율을 조정해서 표현한다.

 어려움을 만나도 침착성을 유지해야 한다

사람을 유혹하기 위해서는 다각도의 연출이 필요하다. 상대방을 위해 최대한의 서비스를 제공해 준다는 생각을 놓쳐서는 안 된다. 갈고 쓸개고 다 뽑아주라는 것은 아니지만 우아하고 개성 있는 스타일을 만드는 것만으로도 상대의 눈길을 놓치지 않을 수 있다. 상대방이 공격적이고 다소 비판적인 언사를 퍼부어도 냉정해야 한다. 상대를 위해 주춤거려 주기도 한다. 누구나 비판을 받으면 어찌할 줄 모른다. 이럴 때 화를 버럭 내야 옳을지 가만히 받아들여야 할지 한순간 길을 모색하느라 끙끙거린다.

침착하라고 주문하긴 쉽지만 이를 실천으로 옮기기는 무척 어렵다. 그러나 시도해 봐야 한다. 침착하고 태연한 태도와 표정관리 유지를 위해 기다릴 줄 알아야 한다.

 # 때로는 바보스럽게 보일 수도 있다

성인이면서도 어린아이 같은 동심을 살짝 흩뿌리며 사랑 받는 사람이 있다. 독특한 개성의 소유자다. 사람들이 제 아무리 무게 잡고 앉아 있어도 어느 한구석에는 어린아이 같은 마음이 숨어 있다. 괜히 코를 만진다든지 어린아이처럼 볼펜을 가지고 논다든지 아무것도 아닌 것을 가지고 흥미 있어 하는 경우가 있다. 약간은 바보스럽게 보일 그 순간 이상한 매력으로 풍길 수 있다.

모르는 것을 확실하게 밝힌다든지 하면 상대방은 의아해 하면서도 푸근한 감정을 갖게 된다. 서로의 교감형성에 큰 작용을 하게 된다. 이런 사람에게는 고민을 털어놓기도 편하다고 느끼게 되고 많은 이야기를 할 터전을 마련하는 격이 된다.

이렇듯 유혹은 외모나 눈길 하나로 알게 모르게 만들어진다고 하는 것은 빙산의 일각이다. 많은 사전준비작업도 병행되어야 하며 어찌 보면 보이지 않는 고도의 신경전이라는 게 더 옳을 것이다. 주위사람들에게 불쾌감을 주거나 피해를 입히지 않는 한도 내에서의 자기 표현력은 현대인의 필수조건이며 비즈니스세계에서 다루어야 할 필수항목이 아닐 수 없다.

얼굴에서 그 사람의 바이오리듬을 읽을 수 있다. 얼굴색 하나로 병

색을 알아맞히기도 하니 말이다. 그에 비해 말은 그 사람의 마음자리를 파악할 수 있다. 말 한마디로 전혀 달라 보일 수 있기 때문이다. 편견과 선입견도 대화를 통해 씻어 없앨 수 있다. 모르는 것을 모른다고 했을 때의 순박함도 주변사람들에게 편안함을 주기도 한다. 남들이 해야 할 말을 다 긁어모아 똑 부러지게 발언을 하는 사람은 대표성을 띠기도 한다. '하. 거참 말 한 번 잘하네. 그러나 한 치의 여유가 없어 보인다. 저 사람한테 잘못 걸렸다간 뼈도 못 추리겠다' 라는 생각이 동시에 떠오르기 때문이다.

사람은 누구나 양면성을 띠고 있다. 그리고 그래야만 인간적이다. 적절히 이성적·감성적 요소를 겸비해야 인간미가 우러나온다.

세상을 돌리는 기운은 말이다

사람과 사람이 모여서 사는 세상에서 무엇이든지 일이 되려면 의사소통이 이루어져야 한다. 의사소통은 기본이자 전부이다. 의사소통 없이 어떠한 일도 시작할 수 없고 진척시켜 나아갈 수도 없다. 대중을 흩어지게 할 수도 있고 하나로 모을 수도 있다. 어떤 기계도 이를 대신해 줄 수 없으며 어떤 권력이라도 의사소통 없이 뻗어나갈 수 없다.

전쟁에서도 의사소통이 안 되면 분명히 패한다고 설파한 사람이 바로 손자다.

그는 자신의 병법에서 청각적인 소통으로 규모가 큰 군대를 움직이게 해야 한다고 했다. 쇳소리, 돌로 만든 악기, 대나무 악기, 현악기, 포로 만든 악기, 흙으로 만든 소리, 가죽으로 만든 소리, 나무로 만든 소리를 다각도로 활용한 사람이 손자다. 그리고 시각적인 소통으로는 깃발이나 연기를 사용했다.

눈과 귀를 모아 병사들의 의사소통을 꾀했으며 더 중요한 것은 상황에 따라 의사소통 수단을 바꿔야 한다는 주장이다. 즉 시간과 공간과 그때 펼쳐지는 상황에 따라 이런 의사소통은 달라져야 한다는 융통성을 중시했다. 이러한 여러 가지 도구들은 백성들의 귀와 눈을 한마음, 한뜻이 되게 하기 위해 만들어졌으며 활용되어졌다.

한 나라의 대통령이라면 국민의 단결을 가장 필요로 할 것이다. 따라서 그러려면 어떻게 의사소통을 활용해서 기운을 돌릴 것인가에 고심해야만 한다. 지도자의 말 한마디는 그 조직에 전혀 다른 바람을 만들어놓기 때문이다. 바로 한 사람의 말에서 기운형성에 지대한 역할이 비롯된다.

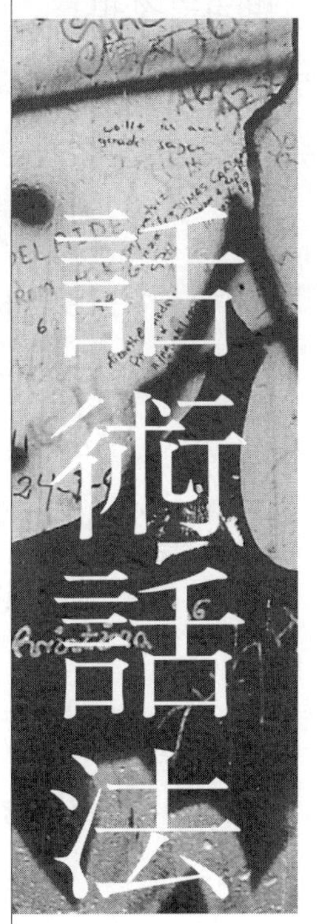

말에는 각인력이 있다. 어느 대뇌학자는 뇌세포의 98%가 말의 지배를 받는다 연구 결과를 발표한 적이 있었다. 보통 시험을 앞둔 사람이라든지 사업에서 성공을 원하는 사람의 경우 "나는 잘할 수 있다."를 외치게 하는 방법이 있다.

"나는 행복하다."를 외쳐야 할 사람이 있고. "나는 위대한 일을 할 수 있다."를 외쳐야 할 사람도 있을 것이다. 자기에게 부족한 면을 몇 번이고 외치게 하는 것도 하나의 방법이다. 내 마음에 새겨지기 때문이다. 그러다보면 잠재의식에 깊이 스며들어 나도 모르게 내 것이 되어버리는 것이다.

또한 말은 행동을 유발하는 견인력이 있다. 언행일치는 어찌 보면 자연스러운 인간의 본성인지도 모른다. 말하는 대로 행동이 이어지기 때문이다. 할 수 있다고 하면 할 수 있게 된다. 병이 다 낫고 있다고 계속 주입시키면 병이 낫는 경우를 실제로 많이 보아온다. 남에게나 나에게나 말이라는 것은 어느 새 모르게 잠식되어 버리는 마술 같은 것이다. 말 하나로 사람을 울리고 웃기고 하는 것은 곧 이러한 연관성이 있기 때문이다. 히틀러의 연설은 독일 국민들을 하나로 뭉치는데 큰 힘을 발휘했다. 어찌 보면 최면술 같은 효과를 나타내기도 한다.

무하마드 알리는 조 프레이저와의 15회전 경기에서는 1천만 달러를, 버그너와의 경기에서는 250만 달러라는 엄청난 돈을 긁어모은 세계적인 권투 선수였다. 그는 권투 경기에 앞서 반드시 강한 메시지를 심곤 했다.

"나비처럼 날아서 벌처럼 쏘겠다. 소련 전차처럼 쳐들어갔다가 프랑스 미꾸라지처럼 빠져나오겠다. 일본군의 진주만 기습같이 하겠다."

그는 수많은 승리의 월계관을 받았고 그런 후 또 이런 명언을 남겼다.

"나의 승리는 반은 주먹이고 반은 말에 있었다."

성공한 운동선수들의 경우 이러한 자신의 각오를 큰 지침으로 삼아 승리한 인터뷰를 많이 본다.

자기를 나약하게 하는 것은 자기가 자신한테 주는 메시지이다. "이거 오늘 왠지 컨디션이 안 좋은 것 같은데." 이런 생각이 강하게 밀려들어오면 힘이 쫙 빠진다.

말로 먹고사는 사람들 중에 점쟁이가 있다.

"아무리 용을 써도 대학 못 갈걸요.", "올해는 직장 운이 없는데." 이런 식의 단언을 쉽게 해버리는 점쟁이 앞에 누구나 무릎을 꿇고 애원한다. 어떻게 해볼 도리가 없겠느냐고. 인간의 자유의지를 무참하게 꺾어버리는 말의 사형수들이다.

사람은 무한한 자유를 안고 살아간다. 인생역전은 누구에게나 해당되는 일이고 인생에서의 대전환도 누구에게나 있을 수 있는 일이다. 자신의 의지로 전혀 다른 길을 모색할 수도 있고 좋은 여건에서도 의지를 펴려 하지 않으면 그것으로 끝인 것이다.

제3자가 이래라 저래라 할 사항이 아니다. 그런 말을 듣고 조종당하며 산다면 자존심은 다 어디에다 맡겨놓은 것인가 말이다.

가수들도 자기가 부르는 노랫말대로 인생이 펼쳐진다고들 한다. 전혀 터무니없는 이야기는 아니다. 실제로 그런 사람들이 있었기 때문이다.

말은 자신을 만드는 기운이다. 말을 어떻게 하느냐에 따라 기운이 달라진다. 좋은 말, 좀더 긍정적인 말로 기 형성에 좋은 결과를 만들 수 있다.

일찍이 아인슈타인은 우주 안에 존재하는 모든 물체가 곧 에너지의 한 형태라는 점을 밝혔다. 현대의 양자역학 역시 물체가 파동 치는 에너지라는 점을 다시 확증하기도 했다. 에너지는 파동이며, 파동은 진동이고, 진동은 소리이다.

이를 이용해 치료법에 대입한 경우도 있다. 중국의 건강비법 중 하나로 여섯 글자의 발성방식을 조절해서 심신을 건강하게 하는 발성호흡법이라는 게 있다. 뱃속 깊은 곳으로부터 울려나오는 소리는 단전을 울려주고 각 단전에서는 오장육부와 신체의 모든 경락으로 자극을 전달하여 360기혈과 84000기공을 풀어주고 활성화시킨다는 이론이다. 때문에 병약한 사람은 소리를 적절히 활용하면 상당한 치료효과를 볼 수 있다는데, 본격적인 치료행위까지야 바라지 않아도 우

리가 하는 말 한마디는 이렇게 몸과 마음에 치명적인 결과를 낳는다
는 것에는 이론의 여지가 없다.

　건강하고 싶으면 말을 잘 써야 한다.

앞으로 추구해야 할 리더들의 화술 과제

지혜로운 성공 화술로 이끌어야 한다
잘 듣는 기술은 절대적이다
세련된 어리숙함으로 개발해야 한다
관심을 골고루 평등하게 나눠주어라
비언어적 요인을 개발해야 한다
고집을 줄여야 한다

제1장에서 노무현 대통령의 화술 특징을 짚어 봤다. 노무현식 화술이 정석이니 배워야 한다는 취지는 결코 아니다. 다만 그분의 장점과 개성이 될 만한 스타일을 꼽았고 그로 인해 그분이 나름대로 얼마나 많이 노력을 했었던가를 생각하는 계기가 되었으면 해서 나열해 봤다. 물론 노무현식 화술에서도 고쳐야 할 점이 많다. 한 나라의 리더로서 전 국민을 이끌어 가야 할 위치에 서 있는 만큼 이 글을 쓰는 나부터도 욕심이 앞선다. 이렇게 해줬으면 하는 강한 바람 같은 것 말이다. 세계에서도 무시 못 할 코리아의 대표 주자로서 언변이라는 마술적 효과를 세계인의 가슴에 깊이 새겨 놓았으면 한다. 지혜로

운 대통령으로서 그 이름이 회자되길 바라며, 그분이 갖춰주었으면
하는 몇 가지 사항을 정리해 보고자 한다.

각 조직의 많은 리더들도 화술에 대한 기본 요소를 꼭 갖추어야 하
는 세상이다. 자기가 이끌어가고자 하는 바를 스피치로서 표현하지
못하고 직원들의 공감을 얻어내지 못한다면 영원히 겉돌 뿐일 테니
까 말이다.

 솔로몬의 지혜

지혜의 대명사로 솔로몬을 꼽는다. 그 솔로몬이 최선으로 삼았던
전술이 부드러움이었다는 것이 새삼 새로운 깨달음으로 다가온다.
부드러움이 곧 솔로몬의 지혜의 비결이었다. 유대인이 살아남을 수
있었던 것은 바로 지혜를 짜낸 결과였다.

모든 것을 다 갖추고 있을 때는 지혜가 흐려지기 쉽다. 대통령이라
는 자리를 위해 애를 쓰고 갖은 노력을 다 했지만 막상 그 자리에 앉
아 살게 되면 지혜의 눈이 어두워질 수 있다.

솔로몬 역시 명예와 부와 지혜를 모두 소유한 사람이었다. 그의 부
는 과하다 못 해 넘쳐흐를 정도였으니 말이다. 자신의 정도를 조절하
고 적당함을 느낄 줄 아는 것이 지혜이다. 지혜란 모든 사물의 이치
를 잘 알 뿐 아니라 그것을 그 상황과 형편에 맞게 적절하게 잘 대처

하고 잘못되었다는 것은 과감히 제거할 수 있는 용기이고 능력이다.

지도자는 말을 절제하고 아낄 줄도 알아야 하고 국민이 답답해 할 때는 시원하게 풀어줄 줄도 알아야 한다. 지혜로운 말은 나라를 살린다.

사회적으로 성공한 사람들의 공통적인 특징은 확고한 자신감으로 자신을 감싸 안고 있다는 것이다. 이 자신감이라는 것도 남 앞에서 당당하되 안정감을 주는 부드럽고 겸손한 자신감을 말한다. 자신감이라는 것은 갑자기 이를 악물고 결심을 한다고 생겨나는 것은 아니다. 불교에서 말하는 중도가 이에 해당된다.

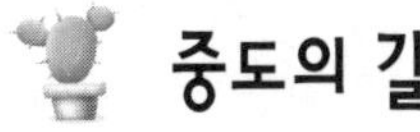 중도의 길

중도란 반을 정확하게 갈라놓은 '정확히 중간' 을 가리키는 것은 아니다.

세상을 살아가는 데 있어 미운 사람도 가지지 말고 좋아하는 사람도 가지지 말라는 말이 있다. 어느 한 곳으로만 자기 마음이 치우치게 되기 때문인데, 일종의 저울과 같은 평등한 마음을 유지하라는 뜻이다. 또한 모든 일을 할 때는 거문고 줄과 같이 하라는 말도 여기에 해당된다. 거문고 줄을 너무 느슨하게 조절하면 거문고소리가 늘어지고 반대로 너무 팽팽하게 조이면 강한 소리가 나기 때문에 아름다운 소리를 얻지 못한다. 가장 좋은 소리는 중도에서 나온다. 이처럼 모든 일에 있어 너무 넘치지도 너무 모자라지도 않는 중도의 자세를 선택하는 것이 최상의 조건이며 최적의 상태이다.

어찌 보면 구름 잡는 이상향으로 보일 수도 있을 법하다. 그러나 어디에서나 리더는 혼자다. 한 사람일 뿐이다. 그 한 사람의 균형 감각이 전체적으로 균일하게 움직인다면 또한 대통령이 이러한 중도적 입장에서 말을 한다면 전 국민의 합심을 이끌어 낼 수 있다. 중도는 예술이다. 정치도 예술이다. 리더십도 예술이다. 이러한 예술적 기질을 발휘할 수 있는 터전은 말이다. 대통령의 한마디 말은 전쟁도 일으키고 평화도 가져온다. 그런 면에서 말은 칼보다 더 강하다.

침묵할 때와 강단을 내려서 사자처럼 포효하듯이 말할 줄도 알아야 한다.
이것이 중도다.
얼음처럼 냉랭하게 잘라 말하고 불처럼 뜨겁게 말할 줄도 알아야 한다.
이것이 중도다.
태산 같은 자부심을 갖고 말하고 누운 풀처럼 낮춰 말할 줄도 알아야 한다.

이것이 중도다.

무엇을 들었다고 쉽게 말하지 말고 그것이 사실인지 깊이 생각해서 이치에 닿을 때 과감히 발표해야 한다.

이것이 중도다.

잘 안다고 벌컥 내뱉어서는 안 되고 잘 모른다고 모른 척 해서도 안 된다.

이것이 중도다.

잘된다고 마음껏 좋아도 말을 절제해야 하고 터지는 분노도 자제할 줄 알아야 한다.

이것이 중도다.

 돌려서 말하는 화술

직선적이다, 다혈질이다 하는 성향의 사람들은 말실수가 잦다. 말이란 다시 주워 담을 수도 없다. 나중에 가서 뒷수습하기가 바쁘다. 인력 낭비, 에너지 낭비만 초래할 뿐이다. 집요하게 질문의 꼬리가 계속되는 가운데 "네. 그렇습니다."와 "아닙니다. 전혀 그렇지 않습니다."로 나눌 이슈만 있는 것은 아니다. 때로는 우회적으로 돌려 말해야 할 때도 있다. 또 그것이 누구나 원하는 답일 수도 있을 테니까 말이다.

다른 면으로 뒤집어 보면 기회주의자로 보일 수도 있다. 여기에서도 욕 안 먹고 저기에서도 욕 안 먹으려고 요리조리 피한다는 오해를 받을 수도 있다. 그러나 상황에 따라서는 확실한 말이 필요하지 않은 중대사가 오히려 리더로서는 더 많을 지도 모른다. 색깔 없는 우회요법은 그래서 필요하다.

BBS 신행상담실을 진행하면서 한 번은 이런 전화를 받았다.

"저, 저는 요즘 화제가 되고 있는 인간복제에 대해서 불교적 입장을 확실히 듣고 싶습니다. 그래서 전화했는데요."

상담을 해주시는 스님은 "우리 불교는 인간복제에 대해 절대 반대입니다."라거나 "뭐 그럴 수도 있는 것 아닙니까? 시류가 그런 것을 뭐 어쩌겠습니까? 과학의 발달을 어찌 막을 수 있겠습니까?"라고도 말할 수 없었다. 듣는 청취자나 전화를 걸어온 청취자는 어떤 확실한 방향제시를 받기 위해 질문을 청했을 법 하지만 이러한 문제에 대해서는 확언을 내리기가 그리 쉽지 않다. 이렇게 애매하거나 아직 표면화되어 있지 않은 것을 직설적으로 뱉어버리고 그 말로 인해 두고두고 꼬리 잡히는 우를 행해서는 절대 안 될 일이다.

잘 듣는 기술은 절대적이다

　귀가 얇아 무슨 말이든 쉽사리 쏙 빨려 들어가는 사람이 있다. 그런가 하면 자기가 결심한 부분에 대해서는 그 누구도 침범할 수 없는 쇠고집으로 일관하는 사람도 있다. 이 두 유형은 상대방의 말을 청취하는 기술이 없는 사람이다.

　상대방이 이야기할 때 그저 묵묵히 침묵을 지키고 앉아 있는 것이 진정한 청취랄 수는 없다. 말 하는 사람의 표정과 분위기 그리고 진실성이 동원되듯이 듣는 사람도 이러한 태도가 적용된다. 말하는 사람이 무안하게 무관심하듯 들어주는 척 하는 사람도 있기 때문이다. 듣는 것도 여러 유형이 있는데 상대방의 말을 한껏 들어주려는 마음이 있어 보일 때 말하는 사람은 더 신이 난다. 또한 상대방과의 대화를 즐기려는 마음이 가득 차 있어 보일 때 말하는 사람은 감동받는다. 그리고 상대방에게서 뭔가를 배우려는 의지가 있어 보일 때 말하는 사람은 금방 그 분위기를 탄다.

들는 사람이 도움을 주거나 위로하고자 할 때도 말하는 사람은 듣는 사람의 얼굴만 봐도 그 마음을 읽을 수 있다.

청취는 일종의 헌신적 배려이자 존경의 표현이다. 청취는 선입견과 편견을 녹여 버리고 역지사지의 입장을 세워보려는 의지이다.

리더로서의 위치에 있는 사람일수록 하루 일과의 60~70%가 듣는 일로 보낸다는 한 조사결과가 있었다. 결제를 받거나 각 분과의 이야기를 듣는 것만으로도 리더들의 귀

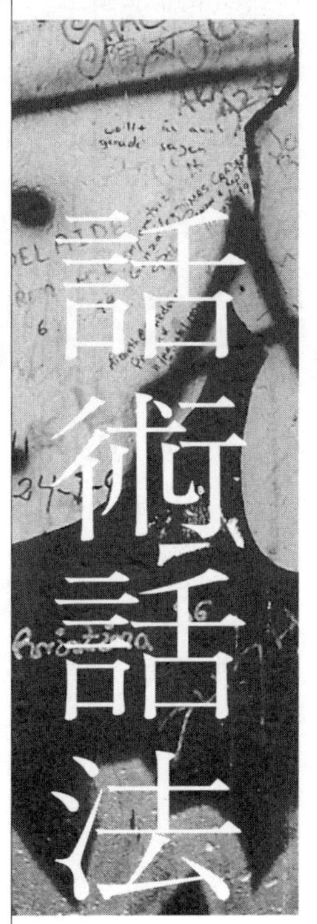

181

는 당나귀귀가 되어야 할까.

　이는 곧 경영자나 지도자 그리고 대통령에 이르기까지 최고의 위치에 있는 사람이라면 일단 듣는 힘만큼은 무엇보다도 가장 필수 요건이다. 왜냐하면 잘 들어야 잘 말할 수 있기 때문이다. 누구나 자신이 사람들에게 인정받기를 원한다. 본능이다. 할 말이 산더미 같아도 들어줄 사람이 없다면 아무 소용이 없다.

　들어주는 것도 큰 봉사가 될 수 있다. 나이든 어르신들은 자기가 하는 말을 들어줄 사람을 소원한다. 신경정신과 의사들의 주요한 일 중의 하나가 들어주는 일일 것이다. 마음껏 쏟아 내버리고 시원해 하는 사람들을 위하여.

　한 나라의 대통령은 주변의 상황으로도 독단적이 될 수 있고 제왕적이 될 수 있다. 어디에서나 리더와 대중과의 거리가 멀어지는 것은 어찌 보면 당연하다. 민의를 어떻게 듣고 접할 것인가가 무척 궁금하다. 리더의 귀는 몇 명의 입에 기울일 정도일까? 그렇게밖에 될 수가 없는 것일까? 누구나 추앙받는 리더들은 열심히 다녔다. 앉아서 듣는 것과 다니면서 보고 듣는 것과는 천양지차가 있기 때문이다.

　이제 듣는 힘을 위한 실전으로 들어가자.

 ## 몸을 앞으로 숙여서 듣는 자세를 취해주면 상대는 흥이 난다

노무현 대통령이 미국의 제16대 대통령 링컨을 가장 존경한다고 한 것은 많은 것을 시사한다. 링컨 대통령은 가장 서민적인 대통령으로서 연면히 사람들의 가슴속에 자리하고 있기 때문이다. "세상에 천한 사람은 있지만, 천한 일은 없는 것일세."라고 말했듯이 링컨의 이 한마디는 미국의 시민정신을 지배하고 있었다.

수많은 실패에도 절망하지 않고 좌절과 싸워 대통령에 이르기까지 작고 큰 난관을 부단히 거쳐오게 한 숭고함과 사람을 모두 소중하게 여긴 인간적임이 크게 부각되고 있다.

그는 누구에게나 손을 내밀고 화합을 강조했다. 그리고 상대를 바라보는 적극적인 눈 맞춤으로 상대와의 합일을 꾀했다. 이러한 제스처는 스피치에서도 상대방의 말에 귀 기울여주는 절대적인 필요 사항이다.

우리 사회에서 남보다 먼저 손을 불쑥 내밀기는 그리 쉽지 않다. 더구나 여성으로서는 말이다. 악수가 서양 전투에서 상대방이 무기를 가졌는지 안 가졌는지를 확인하기 위한 데에서 시작되었다는 유례를 들추지 않더라도 그리 보편적인 사회 예절은 아니다. 내가 먼저 손을 내밀어야 할지 상대방이 먼저 손을 내밀 때를 기다려야

할지 몸을 꾸벅 숙여야 옳을지 여러 가지 생각이 머릿속을 훑고 있을 동안 적절한 때를 놓치기 쉽다.

리더로서는 무엇이든지 먼저 적극적으로 하는 것이 아랫사람에게 편하게 다가온다. 먼저 손을 내밀어 주고, 먼저 인사 나눠주고, 상대의 이야기에 몸을 숙여주고 하는 제스처는 조금 과장되어도 좋다. 이제는 권위적인 나무토막식 자세는 내버려야 한다.

상대의 말에 나는 최대한의 자세를 보여준다는 의미로 얼굴을 살짝 옆으로 돌리면서 귀를 갖다 대는 시늉도 상대를 감동시키기에 충분하다.

큰 모양의 제스처가 비굴한 것은 절대 아니다. 사람들이 비행기 트랙을 내려오면서 손 흔드는 모습은 제각각이다. 자연스럽게 때로는 우아하게 대중을 향해 손을 흔드는 자세는 굳이 말을 듣지 않아도 모든 것을 대변해 준다. 악수를 하면서도 다른 곳에 시선을 두거나 굳은 얼굴을 보이거나 하는 것은 전적으로 마이너스로 작용한다. 클린턴의 악수는 많은 것을 배우게 한다. 성 스캔들로 세계의 구설에 올라왔을 때에도 그는 당당하게 다른 나라를 순방하며 자신 있는 모습으로 활짝 웃으며 힘찬 악수를 했다. 그의 악수하는 이미지는 그에 대한 부정적인 이미지를 바꾸는 데 큰 역할을 했다. 그와 눈을 맞추며 악수를 한 그 순간, 사람들은 그의 열렬한 팬이 되어버리곤 했으니까 말이다.

상대방과 함께 하는 순간이 비록 찰나일지라도 상대를 향한 최

고의 배려를 보일 수 있는 것은 리더의 잔잔한 여유와 따뜻한 마음
이 만들어내는 것이다.

 ## 불필요한 행동은 하지 말자

여성들을 위한 생리휴가가 초미의 관심사가 된 일이 있었다. 여성
에 대한 차별이 극심한 예전의 관행이 소리 없이 이어져 온 탓도 있
었지만 여성 당사자가 아닌 이상 휴가를 간다는 일은 남자 임원의 눈
엣가시 같은 일이 되면서 급기야 한꺼번에 터진 것이었다.

노조의 강력한 제재조치와 단결력이 필요했고 이에 맞춰 여성들이
한데 뭉치는 계기도 되었다. 저마다 겪었던 이야기들이 마구마구 터
져 나왔기 때문이다. 하루에도 몇 번이고 모여 회의를 하고 이야기를
나누는데 그럴 때마다 입에 오르내리는 것이 '생리' 라는 단어였다.

당시 노조 임원진에는 노총각들이 몇 명 끼어 있었기 때문에 처음
엔 그들을 의식하느라 제대로 말도 못 하고 있었지만 시간이 흐르고
급박한 상황이 되자 체면이고 뭐고 없어졌다.

"나는 생리 주기가 일정치 않단 말이야."

"난 주기가 45일이야. 그거 알아?"

"생리가 시작되면 말이야 난 죽는다구. 얼마나 아픈지 알아? 바닥
에 데굴데굴 굴러요. 글쎄."

이런저런 정밀묘사가 주거니 받거니 계속되면서 그 표현들은 더욱 노골화되어 갔다.

남자들로 이루어진 노조임원들, 그 중에 노총각들도 교육받듯이 묵묵히 들으며 그럴 때마다 회의록에 써내려갔다.

"출산하기 전에는 생리 안 하잖아. 근데 출산 후에는 또 얼마나 쏟아지는 줄 남자들은 모를 거야."

"맞아. 난 양이 많은 편인데 요즘엔 더 늘었어. 정말 생리휴가 없었으면 실수했을지도 몰라."

그러다가 출산 이야기로 넘어가기도 했다.

"나 애기 낳을 때 말이야. '으악'이었어. 양수가 터지는데…."

"난 또 어떻구. 애 머리가 보이는데 이게 안 나오는 거야. 얼마나 아프던지…."

"남자들은 이런 거 평생 가도 모른다구. 여성들이 얼마나 힘들게 살아가는지. 그런데 한 달에 한 번 쉬는 걸 눈뜨고 못 봐?"

이쯤 되다보니 듣는 노조임원들은 어찌할 바를 몰라 했다. 얼굴이 울그락 불그락 하더니 코를 후비고 귀를 만지작거리고 무슨 말을 거들 수도 없고 난감한 표정이 역력했다.

그러나 들어야만 했다. 그것도 적어가면서 잘 들어야만 했다. 심각한 표정이어야 할 어떤 의무감까지 보였다. 이때 노총각인 위원장은 정말 의연했다. 듣기에 거북해 하거나 얼굴을 붉히거나 하지 않고 아주 진지했으며 '생리'라는 말을 자연스럽게 자주 구사하는데 그것도 어색해 보이지 않았다. 마음속에서야 어떨지 모르지만 우리 여성들을 대변해 줄 위원장으로서 자세는 보기 좋았다.

상대의 말을 주의 깊게 들어줘야 할 리더로서는 그 어떤 사안에서도 차별과 편견을 두어서는 안 된다. 항상 새롭게 듣는다는 모습으로 집중하는 모습만 보여줘야 한다.

그리고 이때 괜한 제스처나 액션은 사족일 뿐이다. 특히 상대가 심각해 할 때 군더더기 행동은 하지 말아야 한다.

입으로는 "음. 음. 그래서…" 이러면서도 손은 쉴 새가 없다. 내가 아는 사람은 꼭 누가 말을 시작하면 뭔가 바빠지는 사람이 있다. 보기에 딱할 지경이다. 말하는 사람은 불안해진다. 그리고 말을 더듬기까지 하게 된다. 상대가 아랫사람이거나 손윗사람이거나 이러한 습관은 쉽게 떨쳐버리기 어렵다. 팔짱을 끼는 것도 좋은 것은 아니다.

노무현 대통령의 비권위주의는 함께 다리 꼬기에서 짐작이 간다. 그의 수평적 인간관계는 일상의 모습에서 쉽게 찾아볼 수 있다는 주변의 이야기에서 엿볼 수 있다.

함께 다리 좀 꼬고 있으면 어떠냐? 하는 게 그의 지론이라는 것이다. 이런 외형적인 겉치레보다 서로간의 신뢰가 중요하다는 당찬 말씀이다. 그렇다. 신뢰다. 그 신뢰를 쌓아가고자 하기 위해 불필요한 행동은 하지 말아야 하는 것이다.

표정을 실어주어라

우리말에 "음. 그렇군. 알았어."가 있다. 보통 웃어른이나 지도자급의 사람들이 자주 쓰는 문구이다. 좋은 우리말이 이 문구에서는 지극히 권위적으로 포장되어 들린다.

'귀찮다' 라는 의미가 더욱 짙게 다가오기 때문이다. 진짜로 잘 알았다는 의미는 아닐 텐데도 리더가 알았다고 한 결과물을 갖고 안심하기엔 왠지 미심쩍다.

왜 리더와 부하 간의 의사소통이 이러한 긴 터널을 가져야만 하는가. 형식적인 말들이 때로는 필요하기도 하지만 으레 그러려니 한다는 느낌이 강하게 들면 리더는 더 이상 조직의 리더로서 활동하기가 힘들다.

진심 어린 말이 아니면 표정 또한 따라가기 때문이다. 말과 표정이 따로 갈 수는 없다. 아랫사람으로서는 일단 리더의 표정부터 살피기 일쑤이다. 항상 굳어 있는 표정, 속내를 알 수 없는 표정으로는 더 이상 신바람 부는 조직으로 일신시킬 수 없다.

표정을 아끼는 것이 우리의 전통적 예의가 되다보니 아직도 그 뿌리가 깊게 박혀 있는 것 같다. '남자가 체신 없게 시리', '사장이 어찌…' 이러한 선입견으로는 리더 자신뿐만 아니라 조직의 기운까지 쇠멸시키는 큰 원인이 된다.

듣는 사람의 표정은 말 이상을 표현한다. 눈썹의 움직임, 코의 비뚤어짐, 콧구멍의 벌렁거림, 그리고 입가의 미묘한 움직임 등이다. 어떤 사람은 귀찮아할 때마다 귀를 움직이는 사람도 있다. 모두가 다 표정언어다. 눈은 그 사람의 모든 것을 대변할 때가 많다. 눈으로 말하는 이의 눈을 맞춰주어야 한다. 어떤 사람이 눈으로 열심히 듣는 모습이 역력한 것이 눈에서 반짝거리는 호기심이 그를 말해주었다. 순간 나는 말하는데 힘이 실리고는 있었으나 그런데 듣는 사람의 입은 삐쭉거리는 것이었다. 어디가 맞는 것인가. 나의 말이 시답지 않은 것인가 순간 혼란이 왔다. 그런데 그 사람의 원래 입 모양이 그렇다는 주변의 귀띔을 듣고서야 안심이 되었다. 자신의 얼굴표정은 자기가 만든다. 습관적으로 입을 삐죽이면 아예 굳어버린다. 긍정적인 표정으로 일관하고 싶어도 이미 굳어져버린 얼굴표정은 자기 맘대로 되지 않는 법이다.

표정에 대한 조심스러움을 항상 생각하자.

 말하는 사람의 키포인트를 재빨리 파악하자

대부분 말하는 사람은 자기 말 중에서 중요한 부분을 강조하기 마련이다. '그래서…' 라고 자꾸 반복하면 그것이 키포인트가 된다. 그래야 적절한 대응을 할 수 있다. 묻는 말에 핵심을 놓치면 대화가 이루어질 수 없다.

잘 못 알아듣겠다면 몇 번이고 질문할 수 있다. 어떻게 해서든 말하는 사람과 듣는 사람과의 통쾌한 의사소통이 이루어져야 하기 때문이다. 경청을 방해하는 것 중의 하나가 지레짐작이다. 상대에 대한 선입견이 강하면 지레짐작으로 꽉 차 버릴 수 있다. 그렇게 되면 듣는 사람의 반응은 정반대의 양상으로 튕겨 나갈 소지가 크다. 위험하다.

 비교해선 안 된다

비교는 동물도 그 느낌을 파악한다. 식물도 그렇다. 모든 생물체는 비교당하는 것을 본능적으로 싫어한다. 비교는 청취를 어렵게 만드는 가장 큰 장애물이다. 사람들을 많이 겪을 수밖에 없는 리더로서는 이리저리 비교하기가 쉽다. '저 놈은 이런데 이 놈은 또 다른 면이 있구만.' 식으로 가볍게 비교하기 시작하면 상대방이 하는 말이 제대로 들릴 수 없다. 비교하고 평가하다보면 자신의 아집만 커갈 뿐 발전성은 줄어든다. 이런 식으로 나가다보면 마음대로의 판단이라는 엄청난 부정적인 색깔이 생겨난다. 청취하는 귀는 평등해야 한다.

 ## 언쟁의 도화선이 되어서는 안 된다

누가 말만 하면 반대급부를 소리 높여 외치는 사람이 있다. "무슨 말을 못 해."라는 평을 들을 만도 하다. 말싸움도 습관이다. 그렇게 하지 않으면 입이 심심해서 도무지 그냥 갈 수 없다는 식이다. 뭔가 반대를 위한 반대라도 외쳐야지만 속이 시원하고 나의 가치를 다시 한 번 확인할 수 있다고 자부한다. 상대방이 입을 열려고 하면 무조건 반대를 선언하기 때문에 상대방은 자신의 이야기가 청취되었다고 느끼지 못한다. 심하게는 모욕으로 생각되기도 한다. 반대를 위한 몰두는 어디에서건 반대할 만한 단서를 찾는다. 보려고 하는 것은 보이기 때문이다.

 ## 충고하는 버릇은 좋은 청취를 막는다

상대가 아랫사람이건 윗사람이건 무슨 말만 들으면 조언을 해대는 사람이 있다. "그건 오버야. 네가 그럴 필요까지는 없는 거라구." 이런 것 때문에 옥신각신 다투는 후배들이 있었다. 한 사람은 조언의 천재였다. 어떤 사람이건 가르치려고 들었다. 그것이 못마땅한 동료는 같은 동기라도 싫다고 노골적으로 표현했다.

가르치려고 드는 습관은 확실히 좋지 못하다. 무엇이든지 닥치는 대로 배우려고 하는 사람을 만나면 찰떡궁합이 될지 모르나 세상은 다양하다. 무조건 가르치려고 드는 사람을 탐탁하게 생각하기란 쉽지 않다. "넌 그게 단점이라구. 그렇게 하지 말고…." 같은 또래끼리의 대화에서도 이런 식이면 짜증난다. 상대방의 감정과 아픔 그리고 원하는 바를 충분히 이해할 여유가 없다.

 무조건 동의하지도 말자

그런가 하면 무조건 "예, 예, 옳으신 말씀입지요. 그렇구 말구요. 당연지사 아닙니까?", "무슨 걱정이십니까? 걱정하지 마시구요. 다 알아서 하겠습니다. 역시 대단하십니다." 이런 식의 아부를 흔히 본다. 어느 조직에서건 이렇게 아부하는 사람은 꼭 있게 마련이니까. 비위맞추는 것도 상대의 말을 충분히 듣지 않는다는 반응이다.

어떤 말을 해도 난 다 받아들일 준비가 되어 있다는 사람이기 때문에 무조건 "맞습니다."일 뿐이다. 사람들은 칭찬이나 동조 받는 것에 금세 감동받고 좋아한다. 자신을 알아준다는 착각에 빠지기 쉽다. 그러나 조금은 뒤로 물러설 필요가 있다. 내 말을 제대로 알아들었는지를 반문해 봐야 한다.

특히 리더의 자리에 있을 때 이런 사람을 조심해야 한다. 어떤 방식
으로든 비위를 맞추는 데에 온갖 아이디어를 다 짜낼 테니까 말이다.

세련된 어리숙함으로 개발해야 한다

노무현 대통령의 솔직함과 직설적 표현은 서민적 이미지와 잘 부합되어 보인다. 엘리트적 이미지에 식상한 국민들로서는 다소나마 자신들과 그리 멀어 보이지 않는 점에 위안이 되기 때문에 신선하다는 평을 받아왔다. 하지만 엘리트형보다 더 식상해질 가능성도 배제할 수 없다. 너무 솔직해서 어리숙해 보이는 것도 하나의 매력일 수 있다. 보통 리더들의 스타일로서는 이러한 어리숙함은 그리 쉽게 보여지지 않는다. 냉철한 눈매로 일단 기 싸움에서 이기고 가야 하기 때문이다. 또 때에 따라서는 체통을 지켜야 하고 체면치레를 해야 할 때가 더욱 많기도 하다. 우아하고 품위 있다는 말도 들어줘야 한다. 부하직원보다 더 빨리 사태 파악을 해야 하기 때문에 기민한 두뇌회전을 요할 때도 있다.

이런저런 상황들이 리더들을 어리숙하게
놔두질 않는다. 사오정처럼 뒤늦게 알아차
리고 껄껄댈 수는 없지 않은가.

그러나 여기서 주장하고 싶은 것은 어리
숙함을 강한 무기로 사용할 수 있는 리더가
되자는 것이다. 똑똑하게 눈을 부라리면서
무엇이든지 넘보지 말 것을 암시하게 된다.
'날 물로 보지마.' 아마도 가장 높은 자리
에 있는 사람의 의식 한 편에는 남다른 위
기의식도 자리하고 있을 수 있다. 더 이상
올라갈 자리가 없기 때문이다.

흔히 큰 스님이라고 일컬어지는 고승을
대하면 그 어린아이 같은 순수함에 오히려
마음이 편안해지고 같이 어린아이처럼 순
수함을 되찾게 된다. 하늘같이 높게 떠받들
어지는 스님이지만 막상 대하면 너무나 인

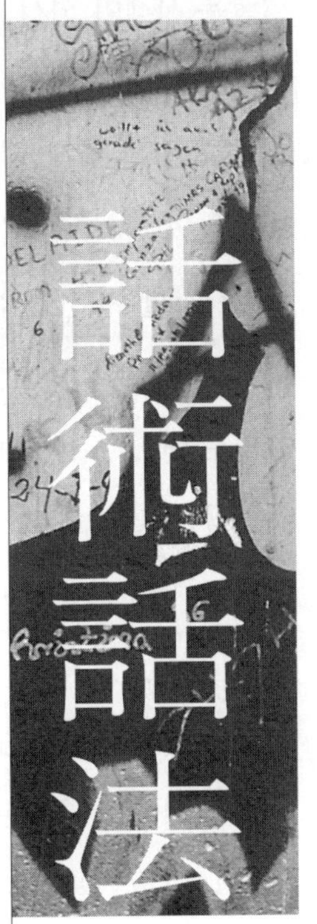

간적임을 알고 존경심이 오히려 하늘을 찌르게 되는 것은 누구나 갖게 되는 마음이다. 물론 일반 사회와 종교 사회에서의 분위기는 사뭇 다르다. 하지만 리더로서의 자격이라면 어쩌면 일맥상통하지 않나 싶다.

스님과 함께 상담프로그램을 진행하던 어느 날 점심식사한 것이 탈이 난 적이 있다. 나는 갑자기 뒤틀리고 있는 배를 움켜쥐고 간신히 진행을 해 나가고 있었다. 그러나 사태는 더욱더 암담해질 뿐이었다. 얼굴은 사색이 되어서 식은땀으로 범벅이 되고 숨이 막힐 정도까지 되고야 만 것이다. 다행스러운 것은 전화를 건 청취자와 스님을 연결시켜주고 나는 잠시 쉴 수 있었다. 전화상담을 받은 스님은 그때부터 법문을 설하시기 때문에 시간의 여유는 있었다. 그러나 '이걸 어쩌나' 생각할 겨를도 없이 음식물이 식도를 타고 올라오는 것을 느꼈다. '우엑'. 벌써 토한 결과물이 스튜디오 바닥을 망쳐놓고 있었다. 그것도 연거푸 3번이나.

스님은 말씀하시느라 요지부동이셨고 급히 달려온 PD와 나는 일단 바닥부터 치우느라 난리를 치고 있었다. 치우고 다시 전화를 연결하고.

토할 것을 다 토하고 나니 속이 편해진 나는 그때부터 창피하고 뒷수습을 해야 한다는 조급함 때문에 더욱더 식은땀을 흘렸다. 대충 치우고 나니 시간도 다 되어갔다.

클로징을 하고 나니 그제서야 몸이 축 늘어졌다. 이러한 다급한 상황에서 냄새도 풍겼을 테고 방송진행도 매끄럽지 못했을 것을 되새기니 스님 볼 면목이 없었다.

"스님 죄송합니다. 방송중에 그만…"

"이현정 씨. 오늘 나 방송 괜찮았어요? 말은 제대로 했는지 모르갔네."

"아. 저… 스님. 오늘 죄송했어요."

"뭐가?"

"저. 갑자기… 그래서요."

"왜? 뭐가 있었나?"

"아… 저… 그러니까 저 제가 속이 안 좋아서…"

"무슨 일이 있었어요?"

하고 내려가시는 스님께 인사를 꾸벅하면서 나는 오히려 멍해졌다.

일부러 모른 척 하는 모습이 아니었기 때문에 PD와 나는 어리둥절할 수밖에 없었다. 어리숙하다는 것은 상대방에 대한 철저한 배려로서 가슴을 적셔준다.

엄밀히 말하면 사태파악 못 하고 뒷북치는 꼴이다. 치열한 경쟁사회에서 리더로서 이런 모습은 그리 환영받을 만한 자세는 아니다. 그러나 상황에 따라서는 어리숙함으로 모든 것을 감싸 안아줄 만큼의 뒷북은 항상 지니고 있어야 한다.

한 번의 감동은 열 번의 냉철함을 이길 수 있다.

어리숙함 때문에 아무리 멋을 내보려 해도 태가 안 난다면 이 어리숙함으로 밀고 나가는 것도 좋다. 그 사람의 행동과 실천으로 승부를 걸면 대중의 감동은 더욱 클 것이기 때문이다. 너무 똑똑해보여서 손해 본 경우가 이회창 씨이다. 그는 전형적인 엘리트형으로 외모와 말씨 때문에 이를 무마시켜보려고 부단히 애쓴 사람이다. 그러나 참 힘들었다. 양복조차도 일부러 선을 없애버릴 정도였으나 전혀 달리 보이지 않았다. 그의 반듯한 자세와 분위기는 오히려 득보다는 실이 되어버렸다.

대중은 너무 거리가 먼 똑 부러지는 리더를 두려워한다. 두려워하다보면 불평이 먼저 생긴다. 약간은 어리숙한 면을 보여주는 것도 대중과의 괴리감을 없앨 수 있는 좋은 방법이 된다.

그런 면에서 그 사람을 위한 유머가 탄생하고 회자되는 것은 좋은 현상이다. 최불암 시리즈나 사오정 시리즈처럼 전혀 엉뚱한 바보들의 행진인 이런 유머시리즈를 사람들은 사랑하고 즐거워한다. 대중들은 자기보다 못한 면을 지닌 지도자나 스타를 보면서 위안을 삼고 좋아라 한다. 김대중 대통령 시절엔 김 대통령의 욕하는 유머가 또 한 번 네티즌들의 심금을 울려주었다. 전혀 그 인물과 맞지 않을 것 같은 까발리기 식의 유머가 대단한 인기를 한몸에 받았다.

그런 면에서 역대 대통령 중에 나이도 젊은 편인 노무현 대통령은 그 천연덕스러움이 강점이 될 소지가 크다. '우리의 대통령이 이런 말도 했다.' 식의 대중과의 근접거리를 더욱 좁혀 호흡을 같이 한다는 동질감을 느낄 수도 있을 테니까 말이다.

좀더 멋지게 세련되게 국제적으로도 흠 없는 그런 이미지 메이킹이 요란한 시대다. 그러나 이럴 때 역행하는 듯한 어리숙함의 고수도 오히려 다른 세련됨으로 개발하여 보여져야 한다.

관심을 골고루
평등하게 나눠주어라

리더의 위치는 베푸는 역할이다. 모든 대중이 불평과 불만 그리고 하소연하는 사람들 투성으로 보일 수도 있다. 참새새끼들이 저마다 입을 벌리고 먹이를 달라고 하는 것 같은 느낌도 없진 않을 것이다.

중국 당나라의 선승인 조주스님(778~897년)은 선문답의 교과서격인 분으로 중국불교사에 남아 있으며 한국의 선불교에도 지대한 영향을 끼친 분이다. 조주선사가 자신을 찾아온 한 스님을 보고 물었다.

"그대는 이곳을 와본 적이 있는가?"

"처음입니다요."

"차나 한잔 들게나."

조주선사는 또 다른 스님을 보고 물었다.

"그대는 이곳을 와본 적이 있는가?"

"예. 전에 왔었습니다."

"그래? 차나 한잔 들게나."

이때 그 절의 살림을 맡아하는 원주 스님이 물었다.

"선사께서는 어째서 이곳에 왔던 사람이나, 처음 온 사람에게 차나 한잔 들라고 하십니까? 무슨 차이라도…?"

이 말에 조주선사는 그 스님을 돌아보며 말했다.

"자네도 차나 한잔 들게나."

여러 가지로 생각해 볼 의문투성이의 화두다. 이리 생각해볼 수도 있고 저리 해답을 얻을 수도 있고 아니면 이 화두 자체를 아무 생각 없이 수행의 도구로 삼을 수도 있는 종교적인 이야기다. 여기서 생각해 볼 것은 상대에 대한 평등한 마음이다. 불교에서는 이 세상 누구나 불성을 갖고 있다는 대 평등심이 기본주축으로 세워져 있기 때문에 더욱 그러하다. 누구에게나 선택권을 주고 발언

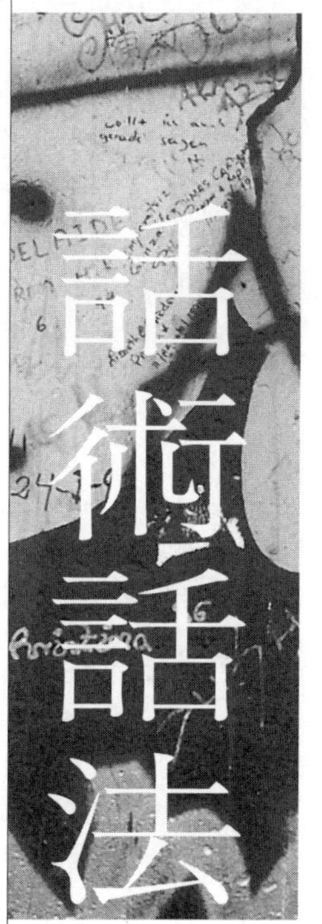

권을 주고 평등하게 대해주려는 마음씀씀이는 리더에게서는 무척 빛난다.

리더의 뛰어난 화술은 이렇게 상식을 벗어난다. 언뜻 모순되어 들리는 말일 수도 있다. 하지만 상대에 대한 배려와 특혜 없는 평등심은 리더로서 갖춰야 할 화술의 기본 항목이다. 궤변론자라고 편잔 받을 수도 있다. 그러나 정치 세계에서나 비즈니스 세계에서나 어디에서나 인간의 의지와 욕망이 말로 표현되는 이상 반드시 궤변은 있을 수 있다. 흑백논리로 못 박아 뒤돌릴 수 없는 원한을 심어주기보다는 선일 수도 있고 악일 수도 있는 이중 논리를 항상 생각해야 한다.

궤변이라 하면 말장난하는 사람으로 비춰지기 십상이다. 그러나 그러한 궤변도 상당히 논리성이 내재되어 있다. 고대 그리스의 소피스트들이나 중국인들의 궤변은 세계적이다. 그러나 그런 사람들에게는 철학이 깔려 있다. 그렇기 때문에 그들을 무시하지 못하고 그들의 언변에 결국은 무너져 버리는 것이다.

중국인들은 논리에 유독 강하다는 평을 받고 있다. 논리가 강하기 때문에 궤변도 가능하다. 1차원적 시각으로 바라보는 사람에게는 "이것은 사기다!"라고 외치며 난리를 쳐 댈 때도 논리성이 강하고 어떤 상황에서도 말로 자신의 무덤을 만들지 않을 사람은 여유가 있다. 그들의 논지에는 항상 기승전결이 명확하게 서 있다.

심지가 깊어지고 마음이 넓어지면 생각이 빛난다. 그러면 말도 밝게 나타난다. 모든 것을 흑백, 플러스 아니면 마이너스, 참과 그름 이 이분법적 논리 안에서만 허우적대는 것이 덧없음을 느끼고 포용력이 생겨난다.

일본의 경영의 귀재인 마츠시다 고노스케는 그의 성공비결을 묻는 질문에 이렇게 답했다. "제가 오늘 이렇게 된 것은 많은 사람들의 이야기를 골고루 진지하게 들어서 나의 피와 살이 되었기 때문입니다."

귀와 입을 통해 남의 관심사와 이야기를 많이 듣고 대응해 줘야 한다. 평균대에서 균형을 맞추기는 제멋대로 하는 것보다 몇 갑절 노력과 힘이 들어간다. 균형을 맞추는 일은 그래서 무척 힘드는 일이다. 그래서 리더는 다각도로 노력을 해야 한다.

인간은 누구나 비평등성에 예민해 있다. 하다못해 가족간에서도 나만 밀리고 있다는 생각이 들면 울분을 참을 수 없지 않은가?

장남에게는 집안에서 항상 믿음직스럽고 든든하구나 하고 막내에게는 집안에서 항상 귀엽고 재롱덩어리다 하면서 차남에게는 어? 너두 집안에 있었니? 하는 유머가 있을 정도다. 샌드위치처럼 중간에 끼인 이 세상의 둘째들의 서러움을 대변하는 유머다. 항상 우리만 밑진다는 피해의식으로 뭉쳐진 조직은 항상 있게 마련이다. 이런 갑갑증을 풀어주는 위로의 한마디는 천금이다.

<u>효과적인 화술을 위해서는</u>

● 경청의 중요성을 인식하고 들으면서 항상 메모하는 습관을 지녀

야 한다.

● 말하는 입장에서는 균형감각을 잃지 말아야 한다.

● 누구에게나 이의가 없을 기준을 세워야 한다.

● 말 한마디에 전체가 들썩임을 생각하고 스피치훈련을 해야 한다.

● 상대를 배려하는 마음으로 말할 준비를 갖춰야 한다.

칭기즈칸이 세계를 지배할 수 있었던 것은 리더십의 비결 가운데 가장 중요한 것으로 그가 거느린 장졸들을 계급이나 직책으로 부르지 않고 반드시 이름을 기억해 불렀기 때문이다. 모두에게 평등한 대접을 해주었다.

비언어적 요인을 개발해야 한다

비언어적 요인으로는 보디랭귀지를 꼽는다. 얼굴 표정에서부터 몸동작 하나하나가 말을 대신한다는 것인데 사실 인간관계에 있어서 이러한 비언어적 요인들은 상당한 중요성이 부각되고 있다.

사진을 한 장 찍기 위해 모델은 하루 종일 걸려 작업하기 일쑤다.

이런 포즈 저런 포즈로 다각도로 취해보고자 함이다. 손을 턱에 괴어보는데 다른 모델에게서는 느끼지 못한 묘한 느낌을 낼 수도 있고 활짝 웃는 모습인데 사람에 따라서는 왠지 어두워 보일 수도 있다. 사람마다 표정과 자세로 전혀 다른 분위기를 발산하기 때문에 그래서 모델도 다양하고 표정과 자세가 다양한 것이다.

사람마다 개성이 있고 그 개성을 살리는 것이 현대의 이미지 역할이다. 둥글둥글해

보이는 사람이 있고 신경질적으로 보이는
사람도 있다. 각자 자기가 갖고 있는 이미
지를 비언어적 요인으로 보완할 수 있다.

　가끔 말하는 것과 본심이 다를 수가 있
다고 상대가 느낄 때가 있다. 이럴 때는 태
도로서 그의 본심을 간파하기 때문이다.
무의식중에 나타나는 자신의 표정과 태도
는 입으로 하는 말을 더 앞질러 버릴 때가
있다. 제스처도 하려면 확실하게 하되 상
황에 맞는 것을 익혀서 할 필요가 있다.

　우리는 국민정서상 몸동작이나 표정관리
에 그리 신경을 쓰는 편이 아니다. 하지만
이제는 그 중요성을 인지하고 제대로 명확
하게 할 필요가 있다.
　독일의 슈뢰더 총리의 연설을 본 사람이

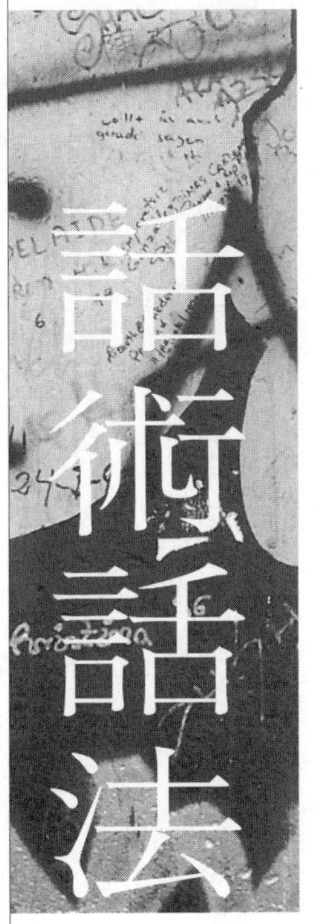

라면 그의 특유한 손동작에 인상이 짙을 것이다. 가끔씩 손을 오므려 콕 찌르는 듯한 동작을 하기 때문이다. 그때는 입은 꼭 다문다는 것이 특징이다. 그의 일련의 손과 입 표현을 연결해서 해설한 후의 결과를 내놓는 분석 자료도 있을 정도이니 지도자의 손동작 하나하나도 걸러지게 마련이다.

 ## 손과 팔의 동작

- 상대방이 무슨 말을 하는지 이해하지 못하겠다는 표현으로 어깨를 들썩하는 모양이 있다. 주로 서구식 표현이랄 수 있겠다. 조금은 우리식과 거리가 먼 듯한 분위기가 있다.
- 그리고 O. K. 표시는 다국적으로 쓰는 몸짓언어이다. "음. 좋아." 하는 뜻으로 널리 쓰이고 있다.
- 엄지손가락을 힘 있게 치켜세우는 동작은 강한 의지를 나타낸다.
- V자 형으로 손 모양을 만드는 것은 널리 사용되고 있는 셈이다. 실제로 노무현 후보가 유세장에서 V자로 손을 들고 이회창 후보가 손바닥을 쫙 편 동작을 두고 네티즌 사이에서는 가위가 보자기를 이기는 것은 당연한 결과라는 애교 있는 유머를 나눈 적이 있었다. 이제는 많은 사람들의 세심한 시선을 느껴야 한다.

● 악수는 이제 가장 보편화된 수신호다. 악수의 시발점이 전쟁에서 무기 없음을 보여주는 액션이었다고는 하나 이제는 정중한 인사의 스킨십으로 대우받고 있다.

악수하는 데 주저하는 모습을 보이는 것은 리더로서 위축됨을 보여줄 뿐이다.

악수를 함으로써 손과 손의 만남은 친숙함의 표현으로 등장한다. 남과 북의 만남도 악수하는 장면으로 대신한다. 어디에서나 정상간의 만남에서는 악수로 만남을 펼쳐나간다.

악수는 이제 선의적인 만남의 첫 출발을 의미한다. 남성과 여성의 동등함도 서로의 악수로 시작될 수 있다.

똑같이 서 있는데 남성과는 악수를 하고 여성과는 목례를 나누는 리더들도 상당히 많다. 인사에서도 평등하게 대처해 줘야만 할 것이다.

● 손으로 얼굴을 만지는 행위는 그리 권장할 만한 동작은 아니다. 주로 지루하거나 거짓말을 해야 할 때 은연중에 손이 얼굴로 가기 때문이다.

● 눈을 비비거나 목을 긁거나 코를 만지거나 하는 행동도 부정적인 발로의 모습으로 보여진다.

"인간이 인간다운 까닭은 그 손이 뛰어난 데 있다."고 설파한 그리스 철학자도 있었다. 아리스토텔레스 역시 사람의 육체 중에서 가장 중요한 것은 손이라고 단언하기도 했다. 손의 움직임이 상당히 중요하다는 것은 대중 앞에 나가 스피치를 해보면 단박에 느낄 수 있다. 실제로 내가 스피치 교육을 할 때 3분 스피치 실습을 하는데 다들 손을 어디다 두어야 할지를 두고 고민을 토로해 왔다. 말도 문제지만 이 손을 어떻게 해야 덜 어색하겠냐는 공통된 질문이었다. 그렇다고 주머니에 양손을 집어넣고 할 수도 없고(가장 안 좋은 태도다) 허리를 쥐면서 할 수도 없는 노릇이었다. 이럴 때는 강단의 테이블 한쪽을 잡아도 좋고 마이크를 잡다가 손을 내려놓아도 좋다. 그리고 볼펜을 잡거나 종이를 둘둘 말아 그것을 잡고 말을 해도 무방하다.

 눈의 움직임

- 시선은 얼굴의 대부분을 차지하기 때문에 상당히 조심스럽다. 대화도중 눈을 맞추쳐야 함은 기본이다. 상대방의 이야기에 흥미를 느끼고 있으니 말씀하세요라는 의미가 듬뿍 담겨 있다.
- 지나가는 사람에게 시선이 자꾸 가거나 곁눈질을 하는 경우 상대방은 불쾌해진다. 그리고 적대감까지 갖게 된다.
- 눈웃음일 경우 상대방에 대한 호의와 관심을 보여준다.
- 눈을 아예 감아버리는 행위는 지금 무척 지루해 죽겠다는 마음이 역력하다.

다리 꼬기

- 다리를 수직으로 꼬는 자세는 불안하거나 어색하거나 방어의 태세를 보이는 것이다.
- 다리를 숫자 4 모양으로 걸치는 자세는 '토론을 합시다' 아니면 '어디 한 번 겨뤄 봅시다' 하는 경쟁의 의미를 안고 있다.
- 다리를 번쩍 들어 책상다리로 앉는 자세는 순수 우리나라 좌식의 모양인데 정신 똑바로 차리고 집중하겠다는 의미로 보여진다.

대화를 활기 있게 살려내고 자신감을 얻는 데에도 몸동작은 활용할 가치가 있다. 상대를 향해서 자신의 진가를 더욱 높여 보이고 관심을 집중시킬 수 있다.

말의 한계를 느껴 설명이나 예화를 언뜻 꺼내지 못하더라도 보디랭귀지로 그 의미를 전달하는 예는 무수히 많다.

보디랭귀지에 대한 의미부여를 좀더 신중하게 해야 하고 그에 대한 학습도 해야만 한다.

우리는 그래도 보디랭귀지에 많은 제약을 품은 채 조심스럽게 다가가고 있다.

입만으로 말하는 것보다는 표정을 실어서 전달하는 것은 더욱 몇

배의 효과를 보인다. 손과 몸 전체를 적절히 배분하여 움직이면서 강약의 조절로 상대에게 다가가는 것이 설득력 있는 스피치가 되기에 충분하다.

고집을 줄여야 한다

　리더의 자리는 고집을 키우는 자리다. 귀가 얇다는 말이 치명적으로 다가오기 때문에 굳은 의지를 보여주기 위해 고집을 내세운다. 고집으로 일궈온 자리인데 그 고집으로 유지하려 하기 때문이다. 보통의 자수성가한 리더들을 보면 고집을 대단히 추켜세운다.

　칼로 세운 사람 칼로 망한다고 하듯이 고집으로 세운 자리 고집으로 잃을 수 있다. 세상은 빛의 속도로 변해가고 있다. 그런 변화의 중심에서 발맞춰 가는 모습을 보는 것은 흥미롭다. 요즘 전 세계는 부시 대통령의 고집을 주목하고 있다. 후세인의 고집과 부시 대통령의 고집의 싸움이다. 결국 전쟁을 고집하는 부시 대통령 스스로가 미국 경제를 볼모로 하고 있다는 분석도 나온다. 어쨌든 9·11 사태 이후 강경책으로 일관하고 있는 부시 대통령은 앨런 그린스펀 의장과 주류 경제학자들의 반대에도 불구하고 감세에 초첨을 맞춘 부양 정책을 고수하려고 강한 고집을 부리고 있다. (2003. 2. 현재.) 부시 대통령의 고집은 전 세계를 움직이는 갈림길이 되고 있다. 언제나 그래왔듯이 말이다.

이 시대의 리더는 변화에 잘 대적해서 발맞춰 나가야 하는 기민함이 있어야 한다.

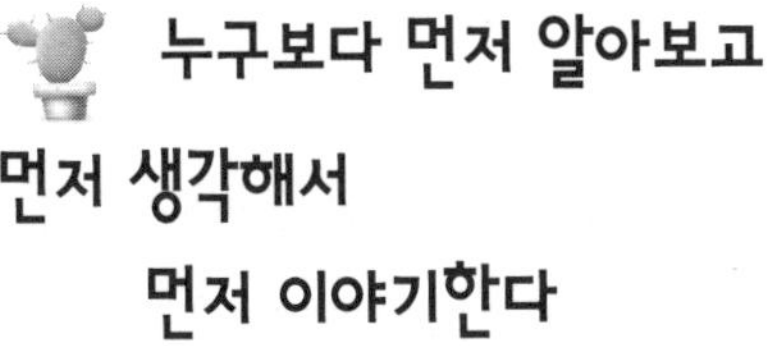 누구보다 먼저 알아보고
먼저 생각해서
먼저 이야기한다

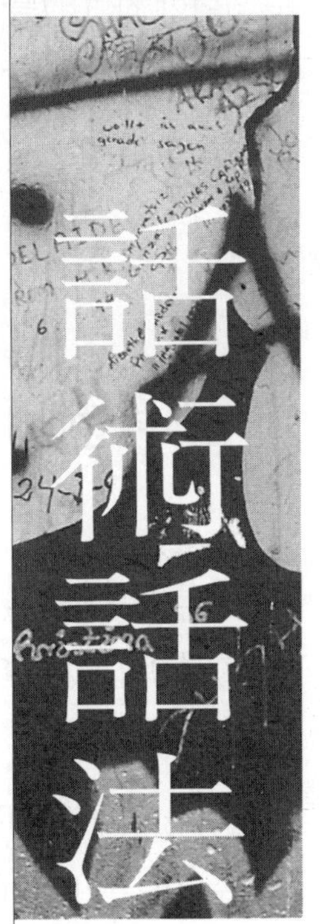

디지털 시대의 모든 정보는 누구에게나 개방되어 있는 실정이다. 그렇기 때문에 정

보를 공유하고 먼저 발 빠르게 행동한 개인만이 향유할 수는 없다. 그럴수록 깊이 파고들어 알아야 하고 전략적인 포지션을 명확히 설정할 수 있어야 조직의 장래를 말할 수 있다. 이를 위해서는 돌아가는 세태에 대한 폭넓은 지식과 불확실하고 복잡한 상황 속에서의 정리를 해나가면서 변화의 흐름을 파악할 수 있어야 한다. 대중이 무엇을 좋아하는지, 무엇을 갈구하는지 먼저 흐름을 알아차려야 한다.

그래야 리더로서 앞장선 화두를 던질 수 있는 것이다. 그렇지 않으면 어느 방면에 지식을 갖추고 있는 사람으로부터 많은 정보를 구할 수 있어야 하며 그를 위해 귀를 열어놓아야 한다. 자신이 그동안 철학으로 내세운 일종의 고집도 알아가는 과정에서는 그 끈을 놓아야만 한다. 시종일관 일관된 고집으로 나아간다면 세상이 그를 등질 것이다.

 ## 과감하게 결정하고 스피디하게 몰아라

다각도로 학습하고 세심하게 알아보고 나서 결정을 해야 한다. 그런 후 결정에 있어 후회 없는 결단력은 지도자의 몫이다. 많은 반대론자가 생겨나리라는 것은 어디에서나 마찬가지다. 집요한 반대론자들을 위한 설득의 준비가 갖춰져 있는지 점검해야 한다. 설득을 위한 실행준비와 용기 그리고 확신이 서야 한다.

설득의 방법으로 스피치는 십분 발휘되야 한다. 상대에게서 "네. 그렇지요. 맞습니다."라는 말이 나오도록 다각도의 설득스피치를 학습해야 한다.

* 일찍이 논어는 자신의 차례가 되지 않았는데도 상대방의 말을 가로막고 발언해서는 안 된다고 가르쳤다. - 초조함의 현신이기 때문이다. 우선 상대방이 충분히 발언하도록 마음껏 여유를 준다. 설득하기 위한 최대한의 목적이라고 생각하고 앉자마자 상대방을 타이르듯 서두를 꺼내면서 말을 시작하면 상대방은 권위로 밀어붙인다는 느낌을 강하게 받기 때문에 대화의 벽만 두텁게 쌓는 격이다.

* 필요한 말만 정갈하게 일갈할 것이다. - 발언해야 할 때를 알고 그때를 십분 활용하는 타이밍과 적절성을 알아야 한다. 사실 '말을 한다' 라고 했을 때 언제 어떻게 해야 하는가가 가장 중요하다. 기가 막힌 타이밍과 적절성은 모든 일을 해결지을 수 있는 큰 바람막이가 될 수 있기 때문이다.

* 상대방의 상황을 파악하고 그에 맞는 화법을 구사해야 한다. - 역시 상황에 맞는 적절성의 중요성일 것이다. 상대방이 어느 부서에 속한 사람이며 그 사람이 가지고 온 안건은 무엇인지 그리고 상

대방이 이야기중에 흥분하고 있는지 차분하게 나오고 있는지를 파악해서 이에 맞는 분위기를 만들어낼 필요가 있다. 어찌 보면 리더란 완벽한 연출가가 되어야 한다.

상대방을 무너뜨리기 위한 경계태세로 있어서는 발전이 없다. 상대방의 의견을 존중하고 그런 후 의견을 진심으로 들어줄 용의가 있다는 표정으로 시작해야 한다.

 후계자를 키워야 한다

우리나라의 장인정신은 두고두고 본받을 만하다. 그러나 그것이 더 이상 맥을 잇지 못하고 사장되기까지에는 전수가 없었다는 것이다. 비법의 전수는 그리 흔한 것도 아니고 자주 있는 것도 아니다. 그러나 너무 비밀시 하고 비공개로 웅켜 쥐고 있다가 막상 전수할 때를 놓치고 말았다. 장인정신으로 빛나는 유럽의 명품들을 볼 때마다 안타까운 생각이 치밀어 오른다.

유능한 리더는 미래를 위해 중요한 역할을 할 재목을 찾아보려는 노력을 끊임없이 해야 한다. 핵심인재를 길러내고 이들이 활약할 수 있는 터전을 만들어야 한다.

 ## 고집불통 리더는 밀리게 되어 있다

'이 사람은 원래 이런 사람이야'라는 못이 박히면 끝장이다. '원래 그런 사람이야'에 아랫사람들이 맞추기 때문이다. 근시안적인 안목으로 순간만 모면하려는 사람들이 꼭 생기기 마련이다. 그런 사람들은 그런 데에만 목적이 생기고 의의를 둔다. 고집불통이라는 리더는 타협의 여지가 없어 보인다. 아무도 자유의사를 발언하지 않으려 할 뿐더러 자포자기하기 쉽다. 발전을 위한 창의적인 발상이나 괴짜스런 아이디어도 수용할 여지가 안 보인다. 옳고 그름과 깊은 안목을 심지에 심어둬야 리더로서 자격이 있다.

모 경제연구소의 컨설턴트는 리더의 성공요소로 지능지수를 20%로 두고 감성지수는 80%를 차지하는 것으로 나타났다며 건강한 성품을 지닌 리더들이 어떤 상황에서도 흔들리지 않고 위기를 조직의 성장기회로 여겨 오히려 호재로 탈바꿈시키는 묘한 능력이 있다고 설명했다.

 ## 화술에 능해야 한다

이제 최고 지도자나 최고 경영자가 갖춰야 할 필수 덕목 가운데 하

나로 '이야기꾼'이 되라는 외침이 심심치 않게 거론되고 있다.

실제로 스웨덴의 스톡홀름 대학의 요나스 리더스트럴러 교수는 "진정한 리더는 최고의 이야기꾼이 되어야 한다. CSO, 즉 Chief Storytelling Officer."라고 한마디로 일축해 놓았다. 잭 웰치 전 GE회장이 후계자를 결정할 때에도 가장 중시한 것이 바로 '대중연설과 프리젠테이션 능력'이었다고 전해진다. 주주들을 설득하고 종업원들의 사기를 북돋우고 흥분까지 시킬 수 있는 설득력이 가장 중요하다고 본 인물이다.

화술이 뛰어나지 못한 리더는 자신의 포부와 계획 그리고 전략과 생각 모두가 저 말단 직원에게까지 도달하지 못한다. 중간쯤에서 흐지부지 사라져 버리기 일쑤다.

모든 것이 대화다. 대화 없이는 그 어떤 좋은 아이디어도 공유할 수 없으며 힘을 만들 수 없다. 리더는 그 조직의 목소리를 만들어낼 줄 알아야 한다. 그 조직에서만 맛볼 수 있는 색깔을 만들어내야 한다.

대중을 사로잡아야 하는 화술

칭찬하자 그리고 또 칭찬하자
매력적인 대중연설을 익히자
매력적인 대중연설을 위한 기법
의사소통에서의 자기계발
카리스마를 적적히 활용하자
효과적인 메시지를 위해
반드시 실전 연습을 해보자
방송출연에서 잘 말하기

좋은 사람을 얻기 위한 제일 빠른 길은 내가 먼저 좋은 사람이 되는 것이다. 우리가 진정으로 대인관계를 원한다면 먼저 미소 짓고 먼저 인사하고 칭찬하는 것이다.

돈 안 들이고도 남을 위해 봉사할 수 있는 것 중에 으뜸이 바로 미소다. 칭찬이 후속타로 나오는 미소는 그야말로 금값이다. 미소를 위한 목소리를 만들 줄 알아야 한다.

먼저 입술을 내밀지 말고 옆으로 찢듯이 늘린다. 이때 입 꼬리는 탄력을 갖고 올린다. 대답할 때나 말문을 열 때 평소의 톤보다 약간 높게 정해서 말하는 기술을 가져야 한다. 조금은 빠른 템포가 미소와 어울린다.

기계적으로 또박또박 말하는 것은 자칫 인간미가 떨어지는 느낌을 받을 수도 있으니까 문장과 문장 사이의 쉬어가기도 적절히 끼워넣을 줄 알아야 한다.

정확한 발음으로 "뭐라구요?"가 나오지 않게 발랄하게 말할 수도 있어야 한다.

미소를 지으면서 상대의 눈을 맞추는 것도 필요하다. 보디랭귀지도 크게 활용하면 매우 긍정적으로 보인다.

미소 자체가 상품이 되고 웃음이 무기가 되는 시대에 살고 있다. 미소와 웃음이 사회의 활력소가 되고 기업의 경쟁력을 높이면서 국가 경쟁력으로까지 이어지는 것을 생각하면 나비의 펄럭임이 바로 미소가 아닐 수 없다.

고사에 쓰이는 돼지머리도 웃는 돼지가 값이 더 나간다. 돼지머리도 웃으면 누구나 좋아하고 칭찬한다. 칭찬이라는 것은 제3자가 들어도 흐뭇해진다.

왜 칭찬을 받으면 기분이 좋아질까?

사람이면 누구나 자기를 인정해주는 사람을 따른다. 마슬로우의 연구를 보면 인간의 기본욕구로 칭찬을 받으면서 평가를 받고 인정받고 싶은 강한 욕구가 누구에게나 있다는 것이다. 이러한 기본욕구를 살짝 건드려만 줌으로써 자신의 진가도 올라가고 화술에 있어서 큰 역할을 한 셈이 된다.

사실 칭찬을 한다는 것은 다각도로 살펴볼 수 있다. 교육학적으로나 심리학적으로나 종교적인 면에서도 만져질 수 있는 어찌 보면 인간 생활 전반에서 두루 활용할 수 있는 가장 쉬운 대인관계의 도구가 될 수 있다.

자. 여기에서는 대중을 사로잡을 수 있는 도구로서 칭찬이라는 소재를 꺼내 쓰자는 이야기다.

사람들은 남으로부터 칭찬받고 싶어 온갖 어려움을 무릅 쓰고 희생도 각오하고 나서곤 한다. 누구나 칭찬에 목말라 하고 있다.

무엇이든지 도구란 잘 쓰면 이롭고 잘 못 쓰면 흉기가 된다. 칭찬도 마찬가지다.

 상대방이 은근히 자랑하고 싶어 한다고 느껴지면 추켜세운다

자기가 한 일에 대해 좀 알아줬으면 하는 바람은 얼굴에서도 역력히 나타날 수 있다. 한마디만 건네 봐도 "네. 성심껏 열심히 했습니다." 아니면 "전 직원이 모두 업무시간을 넘기면서까지 이렇게 열심히 한 적은 참으로 처음이었습니다."나 "저의 있는 대로의 모든 노력을 다 동원해서 해봤습니다."라는 말이 불쑥 튀어나올라 치면 낌새를 알아챌 줄 알아야 한다. 너무 아부하는 듯해서 간지러워 이런 말도 못 하는 아랫사람도 있을 것이다. 그런 사람에게는 일을 해온 과정을 일일히 물어볼 수도 있겠다. 사람이란 묘해서 어떠한 어려움을 겪었어도 한마디 따뜻한 말에 원망이 눈 녹듯이 녹아 없어져 버리기 때문이다.

진나라 예양이라는 사람은 별로 할 일 없이 그럭저럭 지내고 있었다. 그러다 자신을 알아주는 지백이라는 사람 밑으로 들어가게 되었다. 지백은 그를 극진히 대접해주며 사람됨을 높이 평가하여 매우 아껴주었다. 그러던 중 지백이 살해 당하는 끔찍한 사건이 발생했다. 이에 예양은 지백을 위해 목숨을 바칠 것을 각오하고 나선다. "사나이는 자기를 알아주는 사람을 위해 죽고, 여인은 자기를 기쁘게 하는 이를 위해 얼굴을 가꾼다. 지백이야 말로 진실하게 나를 알아준 사람이었다. 내 반드시 그의 원수를 갚고야 말겠노라. 그래야 내 혼백이 부끄럽지 않을 것이다."라고 결심한다. 자신을 인정해준 사람에게 자신의 모든 것을 바친다는 것은 이런 칭찬의 말 한마디로도 이루어질 수 있는 것이다.

 예외적이고 특별한 사람임을 강조한다

"특별히 자네라서 시켜본 것일세.", "이번 안건은 특별히 자네가 좀

해보게.”

이런 식의 리더의 부탁은 자신이 특별히 선택받았음을 느끼게 한다. 똑같은 말이라도 이렇게 유도하면 듣는 사람은 가슴이 설레기 마련이다.

심리학자 로젠탈은 어린 학생들에게 이런 실험을 했다. 어느 초등학교에서 선생님에게 “어린이 지능향상을 예측할 수 있는 새로운 테스트입니다.”라고 일단 못을 박아놓고 검사를 했다고 한다. 그 후 20% 정도의 아이를 뽑아 놓고 “이 아이들은 앞으로 지적발달이나 학업이 틀림없이 급상승할 것입니다.”라고 선생님에게 결과보고를 해주었다. 그런 암시를 한 후 8개월이 지나서 과거에 했던 똑같은 테스트를 다시 해보았다. 그랬더니 앞으로 잘할 것이라는 기대를 품게 했던 아이들의 지능이 다른 아이들의 지능에 비하여 현저하게 향상되었다는 것이다. 이런 현상을 심리학에서는 피그말리온 효과라고 부른다. 피그말리온 효과는 선생님이 선발된 20%의 아이들을 지적발달과 학업성적이 향상되리라는 기대를 갖고 그에 맞게 칭찬한 결과였다. 그러한 관심과 칭찬은 공부하는 태도를 변화시켜 공부에 대한 관심도 높아지고 결국 자신의 자존심까지 높여주었던 것이다. 칭찬은 태도변화를 일으키는데 중추적인 원동력이 되고 있다.

어느 성공한 소설가의 인터뷰를 보면 초등학교 때 선생님이 “넌 일기를 잘 쓰는구나. 커서 작가가 되면 잘하겠는걸?” 하는 그 한마디에

"난 작가가 될 재능이 있어. 난 잘 쓸 수 있어. 그래 난 글을 잘 써. 맞
어."라는 것이 은연중에 자신을 키워왔다고 술회한 것을 본 적이 있
다. 마찬가지다. 나이가 들었어도 "자넨 이런 것에 재능이 있구만."
하는 한마디 칭찬이 삶을 향상시키는데 큰 역할을 한다.

　사람은 누구나 한 가지 재주는 갖고 태어난다고 한다. 그러한 재주
가 적당한 때에 적절히 발현되면 성공하는 것이다. 그런 때를 만나지
못하거나 그런 재주를 발굴해 주는 사람을 못 만났을 때 좌절과 절망
의 나락으로 떨어지는 것이다. 어찌 보면 절망과 희망은 종이 한 장
차이일 뿐이다. 칭찬효과는 평생을 간다.

　중국 제나라에 맹상군이라는 귀족이 있었다. 그는 무식한 사람이든
유식한 사람이든 누구에게나 한 가지 재주는 있다고 보고 어떤 사람
이 되었든 그 사람의 한 가지 특출난 재주를 잘 다룰 줄 아는 사람이
었다. 그래서 재주 있는 사람은 맹상군을 찾게 했으며 그런 사람들에
게 맹상군은 아낌없는 투자를 했다. 이렇게 모인 식객들이 3000명 정
도 됐다고 하며 이 사람들은 맹상군의 대소사를 봐주며 살아갔다. 그
러던 중 어떤 사람이 찾아와서는 자기는 닭 우는 소리를 잘 낸다고
하며 식객으로 써달라고 애원을 하는 것이었다. 연이어 또 한 사람은
개 가죽을 쓰고 도둑질을 잘한다며 역시 식객으로 받아 달라고 간청
을 했다. 맹상군은 닭 우는 소리나 개 가죽을 쓰고 도둑질 하는 일이
나 필요할 것 같지는 않지만 그래도 그것도 재주라고 받아주었다. 어

느 날 진나라 왕이 맹상군에게 자기네 나라의 재상이 되어 달라고 제의했다. 이에 3000여 명의 식객들 중 몇 명만을 선발하여 진나라로 함께 데려 가려고 하였다. 이때 이 두 사람이 맹상군을 따라가겠다고 나섰다. 진나라로 간 맹상군은 그 나라 사람들의 텃새와 질투로 모함을 받아 감옥에 갇히게 되었다. 자신은 억울하다고 생각한 맹상군은 진나라 왕의 애첩에게 구원을 요청하는데 사치를 좋아하는 이 여인은 여우 100마리의 겨드랑이털로 만든 외투를 갖고 오면 도와주겠다고 했다. 이때 맹상군이 데리고 간 식객들 중 개 가죽을 쓰고 도둑질 잘하는 식객이 자신의 재주를 발휘해 애첩의 외투를 훔쳐와 바치니 맹상군은 풀려날 수 있었다. 하지만 이 사실을 뒤늦게 안 진나라 왕이 맹상군을 잡으려고 군사들을 시켜 추격케 했다. 목숨이 위태로워진 맹상군이 도망치려고 했지만 새벽닭이 울어야만 진나라 국경의 성문이 열린다는 것이었다. 이때 또 닭 우는 소리를 내는 식객이 재주를 발휘해서 진나라를 무사히 탈출할 수 있었다.

매력적인 대중연설을 익히자

그 사람의 업적과 관계 없이 명연설가는 두고두고 이름이 남을 정도로 사람들의 뇌리에 오래 남게 마련이다. 말이란 최면술과도 같아 대중을 잠재우기도 하고 흥분시키기도 하며 감동의 물결을 만들어낼 수도 있다.

특히 지도자의 위치에서 멋진 대중연설은 처음이자 끝이 될 정도로 모두가 심혈을 기울였다. 말 속에서 사람들은 인품과 진심과 긍정적인 사고방식과 상황변화 그리고 미래의 비전을 받아 마신다. 대중으로서 이야기를 들어야 한다는 것이 최고의 고문일 때가 많았다. 학생 때 교장선생님의 말씀은 거의 초인내심의 훈련이었고, 직장에서 사장의 말씀도 그리 달갑게 들려오지 않음은 지도자의 빈약한 화술화법에 기인한다고 본다. 어린이나 어른이나 집중력은 5분 정도밖에 안 된다. 따라서 말하는 사람이 조금만 주의를 게

을리 하면 청중은 이야기에서 금방 멀어진
다. 오랫동안 이야기에 귀 기울이게 하려면
그만큼의 노력이 뒤따라야 함은 당연지사
다. 관심을 기울이게 하고 더 깊이 빠져들
게 유도해야 한다. 그리고 깊이 빠져들면서
수많은 청중이나 대중은 하나로 호흡하게
되는 것이다. 우리의 마음 또는 생각이라는
것은 천리 길도 찰라 지간으로 왔다 갔다
한다. 과거와 현재, 미래를 빛보다 빠르게
왕래할 수 있다. 사람의 말은 그보다 훨씬
느린 셈이어서 집중시기를 놓치면 듣는 사
람들 각자의 생각의 나래는 걷잡을 수 없이
제각각 퍼져 나간다. 이제 지도자의 필수
항목으로 스피치 훈련은 그리 낯설지 않다.
연습이 대가를 만든다. 나름대로 훈련하고
연습하는 끝에 멋지고 매력적인 대중연설
의 주인공이 될 수 있다.

 ## 시작은 힘 있게 한다

"에… 내가 이 자리에서 여러분께 하고 싶은 말은…." 이런 판에 박힌 어구로 시작해서는 안 된다. 듣는 사람들은 더 앞질러 가기 때문이다. "아휴. 언제 끝나나." 판에 박힌 정형적인 말투는 식상할 뿐 만 아니라 주의집중력에 큰 마이너스 작용을 한다. 깜짝 놀랄 만한 통계를 들이댄다든지 유머를 한 방 날린다든지 감동적인 인용구로 청중의 주의를 일단 잡아놔야 한다. 어떤 경우이든 이야기에 변화를 생각해야 한다. 변화 없이는 그 어느 것도 성취할 수 없는 것이 요즘의 세상 돌아가는 이치다. 아무리 재미있는 이야기라도 자꾸 들으면 식상해 버린다. 자꾸 변해야 한다. 사람들은 변화하는 것에 흥미를 느끼는 것이다.

자, 이렇게 서두를 힘 있게 그리고 흥미 있게 시작하는 것은 어디까지나 연설의 목적을 위한 전초전임을 잊지 말아야 할 것이다. 서두부터 샛길로 빠져나가서는 본론도 못 찾고 우왕좌왕 헤매다 끝나기 십상이다. 오늘의 연설의 목적은 무엇인지를 항상 자문해 보고 이를 살짝 주지시켜 놓는 것도 도움이 된다.

 ## 일화, 사례, 실례, 증거를 많이 사용한다

청중에게 직접적인 관련이 있어야 하며 연설의 흐름을 도와줄 수 있는 예화들을 잘 준비해야 한다. 그리고 그것들을 구체적으로 드라마틱하게 이야기할 줄 알아야 한다. 예화는 머리를 활성화시키는 좋은 방법이다. 때로는 추상적인 것에서 구체적인 것으로 또 반대로 구체적인 것에서 추상적인 것으로 이동하면서 이야기의 변화를 꾀한다. 사례를 드는 것은 개인의 스피치 특성을 잘 드러내어 주는 역할을 한다.

같은 이야기라도 누가 사례로 잘 이용하느냐에 따라 새롭게 받아들여질 수 있기 때문이다. 그래서 누구나 흥미를 가질 만한 화제를 3가지 정도는 꼭 준비하는 것이 좋다. 단, 너무나 단편적이거나 반대로 장황해서 끝이 안 보이는 사례는 좋지 않다. 그리고 구름 잡는 허황된 이야기라든지 강조할 사항이 별로 없는 밋밋한 이야기 등은 예로 적절하지 않다. 더구나 이런 사례를 들어 이야기하다가 옆길로 새기 쉽다. "오늘 예가 그리 적중한 이야기는 아닙니다만 … 그러니까 …" 하면서 빨리 본론으로 돌아와야 한다.

'아차, 이거 잘못 이야기했군' 이라고 느끼면서 사람은 불안해지고 머릿속 정리가 흐트러지기 쉽다. 남은 이야기라도 끝을 잘 맺어야 할 텐데 그것마저도 하기 힘들어지면 큰 낭패가 아닐 수 없다. 비록 재

미없고 관심을 끌 만한 이야기가 아니었다 해도 그것을 본론으로 잘 유도해 끝을 맺도록 순발력이 발휘되어야 한다.

어느 대기업의 총수가 연설을 하는데 이런저런 구구절절 평상시에 하던 스타일대로 말을 하고 있었다. 그러던 중 예화를 하나 든다고 한 것이 영 초점을 잘못 맞춘 꼴이 되어 버렸다. 이 총수는 순간 당황하면서 체통이 구겨졌다고 느꼈을 것이다. 듣는 대중들도 혼란스러웠을 것은 당연한 이야기다. 이때 총수가 "아, 제가 무슨 말을 하고 있는 건가요? 나도 모르겠네. 전혀 앞뒤가 맞질 않잖아." 하며 순간적인 애드 리브를 해버렸다. 순간 억지로 듣고 있던 대중들은 박장대소하며 한껏 웃어재꼈다. 솔직함이 모든 것을 덮어버렸다.

 ## 순서에 맞게 이야기하라

모든 것이 순서가 있게 마련이다. 우리의 일상생활도 아침부터 순서가 있듯이 작은 일에서부터 큰일에 이르기까지 선과 후가 있어야 한다. 연설에서도 정리가 되어 있어야 술술 풀어나갈 수 있으며 설사 샛길로 잘못 빠져 들어갔어도 정리가 되어 있으면 흐름을 놓치지 않는다. 너무나 할 말이 많아서 이것도 이야기해야 하고 저것도 이야기해 주고 싶어 입이 하나인 것이 원망스러울 정도로 할 말이 많

은 사람도 순차적인 정리가 되어 있어야 이야기 내용이 헝클어지지
않는다.

* 시간에 따른 배열, 즉 과거·현재·미래라든가 어제·오늘·내
  일로 이어지게 하자.
* 중요한 것을 먼저 이야기하고 그 다음으로 가벼운 것을 살짝 언
  급해 줄 수 있다.
* 원인과 결과 그리고 결과와 원인 관계에서 순서를 정해야 한다.
* 예화를 드는 데에 있어서도 꼬리에 꼬리를 물듯이 연결되는 때에
  는 그 순서를 정확히 정리해 둬야 한다.
* 남쪽을 이야기했으면 북쪽을 이야기해주고 오른쪽을 언급했으면
  왼쪽도 말해줘야 한다. 균형을 맞추는 것도 필요하다.

이러한 순서는 포인트를 분명히 하기 위한 주변의 어울림이다. 오
늘의 포인트를 건지는 것만으로도 연설의 성공을 가늠할 수 있다. 도
대체 무슨 말을 했는지 하나도 남는 게 없다는 말은 포인트조차 건지
지 못했다는 말이다. 특히 이야기를 끝낼 때 솜씨 있게 마무리하기
위해 포인트를 찍으면서 정리하는 단계로 삼아도 좋다.
"제가 지금까지 말씀드린 것은 3가지로 요약할 수 있습니다. 첫
째…."
"오늘 이런저런 이야기들을 드렸습니다만 요점은 바로 이것입니

다. 첫째…."

이런 식으로 정리를 해주면 듣는 사람도 말하는 사람도 명쾌해 질 수 있다.

 논리성을 갖춰야 한다

논리적이라는 말은 딱딱한 뉘앙스를 불러온다. 비인간적이고 철저히 조직적이고 이성적인 분위기의 말이다. 그러나 지도자로서 논리성이 부족해 보이면 카리스마를 잃기 쉽다. 논리를 개발할 필요가 있다. '논리적이다' 라는 말은 주장과 주장들 사이에 연결이 서로 간에 모순 없이 일관되게 통하고 있다는 것을 나타내는 것이다.

20세기 분석철학의 거장인 조셉 비트겐슈타인은 논리철학 논고에서 '완벽한 명료성' 만이 현실세계에서의 오해의 가능치를 극소화시킬 수 있는 비결이라고 말했다.

그런가 하면 중국 전국시대 초기의 노나라 사람인 묵자는 논리성의 대가였다. 묵자는 그의 저서에서 "세상에 유리한 것은 흥성시키고 세상에 유해한 것은 제거해야 한다."면서 언행일치를 강조했다. 묵자는 언사가 질박하고 화려한 문구를 쓰지 않는 대신 논리성이 풍부한 사람으로 널리 알려지고 있다. 묵자는 작은 것으로부터 큰 데로, 가까운 것으로부터 먼 데로 한층 또 한층 추리를 전개하여 도리를 해명하도록 한 사람이었다.

* 분명한 자료를 사용한다.
* 자료의 출처를 밝혀야 한다.
* 사실이나 진리를 사용하라.
* 가치의 개념을 사용하라.
* 질과 양을 같이 비교해서 말하라.
* 분명한 목적을 제시하라.
* 존재를 확인시키는 논리를 활용하라.
* 본질을 재확인시켜라.
* 연결 고리를 통해 논리를 펼쳐 보이게 하라.
* 상호연관성을 들려주어라.
* 전체를 부분으로 쪼개어 나눠 설명하라.
* 다시 부분을 합쳐 전체로 만들어 설명하라.
* 논리상 갈등이 있거나 양립될 수 없는 모순이 있을 경우에는 이를 도려내고 말하는 사람의 논리를 더욱 선명하게 드러내어 강조시킨다.
* 일체감을 활용하라.

 ## 시각적이고 구체적으로 묘사하라

　말이라는 것은 '아' 다르고 '어' 다르다. 똑같은 뜻이라도 일상 대화를 하듯이 하는 것과 브리핑 하듯이 하는 것과는 전혀 분위기가 다르고 말하는 사람도 달라 보인다. 듣는 사람으로 하여금 친근감을 느낄 수 있도록 일상회화에서처럼 아주 쉬운 단어나 짧은 문장 등을 사용해야 한다.

　방송에서의 방송언어는 주로 이렇게 구어체로 풀어서 이야기할 줄 알아야 한다는 것이다. 딱딱하거나 문서적인 문장은 부드러운 전달력에서는 빵점이다. 어려운 한자의 고사성어도 우리말로 풀어서 말해줘야 하며, 외래어도 되도록이면 우리말을 찾아서 누가 들어도 이해할 수 있게 말해야 한다. 그것이 방송의 힘이고 많은 청취자와 시청자를 사로잡을 수 있는 방법이기도 하다. 이렇게 풀어서 쉽게 말하는 훈련을 받고 있는 터에 한 엔지니어와 이야기를 나누게 되었다. 이야기 도중에 이 엔지니어가 "내일 공팔 시(時)에 녹음이 있으니까 그때 보자구." 하며 지나가고 있는 게 아닌가. 순간 너무 우스웠다. 지극히 문서적이고 사전적이며 공학교과서에나 나옴직한 표현을 오히려 쉽게 쓰고 있었다. 이럴 때는 구체적으로 "내일 아침 8시에…"라고 하면 얼마나 부드럽고 듣기에 거부감이 일지 않을까 싶었다.

　이처럼 알기 쉬운 말과 표현으로 하는 데에는 이야기의 목적을 확연히 드러내놓고자 하는 데에 목적이 있다.

그리고 누구나 공감할 수 있게 하기 위함이고 쉬운 표현으로 오해를 만들지 않게 하려고 하는 것이다.

* 전문용어나 학술용어, 외국어로 지식을 과장해 보여주려는 해프닝은 주의한다.

상대가 전문가들로만 이루어졌어도 달갑게 여겨지는 것이 아니다. 하물며 대중들이야 거북해지는 것은 당연하다. 부득이 전문용어밖에 달리 도리가 없다고 생각될 때에는 보충 설명과 해설이 곁들여져야 한다.

* 사투리의 색을 되도록이면 줄이도록 한다.

사투리가 개성이 될 수도 있다. 그 사람의 개인성을 나타내기 때문이다. 좋게는 매력으로 들릴 수도 있다. 그러나 많은 대중을 모아놓고 이야기할 때는 타지역민에 대한 좋지 않은 감정으로 말하는 사람의 사투리에 거부반응을 일으킬 수도 있다.

* 자기가 정확하게 알고 있지 않는 말은 쓰지 않는다.

어설프게 썼다가 망신당하기 쉽다. 대중이란 지식수준이 낮은 사람도 있고 말하는 사람보다 훨씬 높은 사람도 있을 수 있다. 그야말로 다종 다양하기 때문에 얼핏 들은 단어를 공개적으로 쓰면 손해다.

* 유행어와 속어는 조심스럽게 쓴다.

대중의 이해와 일체감을 위해 요즘 한창 유행하는 단어를 쓰면 확 끌어오는 느낌을 받을 수도 있다. 그러나 지나간 유행어를 겨우 생각난 듯 하면서 쓰거나 속어를 사용하는 것은 품위를 잃기 쉽고 천박하게 보인다.

* 애매모호한 표현은 쓰지 않는다.

대명사로 일관하거나 '음, 그러니까. 거… 마… 흠…' 이런 식의 말로 흐름을 방해하는 경우는 바람직하지 않다.

* 기준 없는 말은 피한다.

"요즘 우리 회사가 아주 많이 좋아졌습니다.", "최근 들어 지각하는 사원들이 많다고 들었는데요."라는 말들은 귀에 들려오지 않는다. 확실하게 짚고 넘어가야 대중들이 솔깃한다.

"요즘 한 달 동안의 우리 회사의 실적도를 보면 작년 이맘 때에 비해 10%의 성장세를 보이고 있습니다."

또한 되도록이면 구체적이고 쉽게 그리고 눈에 그려지듯이 이야기해야 대중은 들으려고 한다. 실물을 갖고 이야기하듯 실제적인 묘사를 해줘야 대중은 머릿속으로 상상을 하게 된다. 또한 사진이나 그림을 보고 구체적으로 묘사하는 훈련을 하는 것도 도움이 된다.

 ## 긍정적으로 이야기하자

　무조건 긍정에는 끌려 가는 힘없는 노예처럼 보이기 쉽다. 현재에
는 존재하지 않고 먼 미래만 응시하는 이상주의자처럼 보이기도 쉽
다. 주로 이런 낭만주의자들은 막상 때가 되면 행동으로 실천은 하지
않으면서도 자기자리만 고집하고 앉아서 공상만을 한다. 실패에 부
닥치고도 '에이, 이러다 말겠지' 하는 안이한 생각으로 무관심해지기
도 한다. 이렇게 긍정에도 좋은 점과 부정적인 면이 둘 다 도사리고
있다.

　이때 긍정적인 생각에서 행동으로 옮기는 것을 보여주면 대중을 위
한 설득력도 함께 얻을 수 있다.

　그러므로 긍정적으로 이야기를 유도하려면 구체적인 행동지침도
함께 따라와 줘야 한다. 물에 물 탄 듯 술에 술 탄 듯 이상향만 이야
기해서는 먹혀 들지 않는다.

　스스로나 대중에게 끊임없이 성취동기를 자극하기 위한 긍정적
인 사고로 대중연설 내에서의 집중적인 몰입을 유도해야 한다.

　지금이야 안 좋은 상황이어도 두려움을 자극하는 사람보다는 희
망을 주고 긍정적인 마음을 심어주는 사람에게 누구나 호감을 갖게
된다.

　기니피그의 실험은 이에 대한 단적인 사례가 될 것이다. 쥐과에 속

하는 기니피그에게 격렬한 분노를 느낀 사람의 혈액을 채취해 주사
했더니 2분도 채 못 되어 죽고 말았다. 감정의 동요나 분노 그리고 충
격은 미사일 같은 강력한 독소를 만들어 내는 것이다. 독사가 품는
독은 인간의 독에 비해 보면 아무것도 아니다.

사람의 생각과 말은 깜짝할 사이에 인체의 화학작용을 일으켜 반응
을 나타낸다. 이러한 분노와 공포감, 두려움 그리고 절망감, 욕구불
만과 분노 같은 독소들은 비단 실험용 쥐만 죽이는 것은 아니다. 사
람도 마찬가지다. 두려워하고 불안해하고 화를 내면서 건강을 담보
받을 수는 없다.

대중의 푸른 희망을 위해 지도자는 긍정적 사고를 주어야 한다. 서
로가 더욱 힘을 얻고 나아갈 수 있는 원동력을 만들어 내야만 한다.

 비전을 제시해 준다

긍정적인 발언이 열매를 맺으려면 구체적인 비전을 제시하는 것이
다. 구멍가게이든 대기업이든 어떤 사회나 조직을 위해서는 지도자
는 바로 비전을 제시해야 한다.

그래야 믿고 따를 수 있는 신뢰감이 형성되기 때문이다.

항상 대중들에게 자신이 지향하고자 하는 미래의 이미지를 명확하
게 제시해 꿈과 희망을 공유하게 만들어야 한다. 구성원들을 적극적

으로 움직이게 하는 발판은 바로 비전과 목표 제시에 있다. 꿈을 꾸지 않으면 이룰 수 없다.

꿈이란 창의적 발상을 토대로 한다.

어떤 일이든 비전을 바탕으로 한 열정 없이 성취된 것은 없다고 에머슨은 말했다. 비전은 기대이상의 성과를 가져올 수 있다. 그런 후 계획을 관철시키겠다는 집요한 결의까지 말해줘야 뜬구름 잡는 비전으로 그치지 않는다.

남들이 뭐라 하든 어떻든 간에 "우리는 해낼 수 있습니다."라는 확고한 의지의 말은 대중으로 하여금 정신무장을 새롭게 해 나가게 해 줄 수 있다. 끊임없이 노력하고 주의력을 기울이며 힘을 집중시키겠다는 지도자 자신의 결의도 다져야 함을 곁들이고 싶다.

매력적인 대중연설을 위한 기법

대중연설이 매력적으로 들리기 위해서는 남들이 상상하지 못할 정도의 연습량이 필요하다. 실제로 J. F. 케네디 전 대통령은 5분 연설을 위해 하루 종일 시간과 공을 들였다. 퇴임 후에도 여전히 많은 사랑을 받고 있는 레이건 전 대통령도 배우시절보다 더 열심히 연설연습을 했다고 전해진다.

연습만이 대가를 만들 뿐이다.

자신이 꿈꾸는 명연설가의 모델 상을 항상 머리에 그리며 연습에 신중해야 한다.

 눈을 맞추면서 이야기한다

몇 십 명에서 몇 백 명까지 대중을 두고 연설을 할 때라도 마치 1 대 1로 대화하듯 눈을 맞춰야 한다. 허공을 응시하거나 천장을 쳐다보는 사람, 원고에 눈을 고정시키거나 한 곳에만 집중적으로 시선을 둔다거나 하면 대중의 집중을 얻어낼 수가 없다. 두루두루 몸과 얼굴을 돌려 골고루 보려는 제스처를 해야 하며 어떤 때는 앞자리의 사람들과 눈을 맞추고 웃을 수도 있는 여유를 보여야 한다.

눈의 표정은 의사를 전달하는 데 있어 큰 비중을 차지한다. 효과적인 연설은 눈맞춤으로 완성되며, 이러한 태도는 마음의 여유를 직접적으로 보여주는 격이다. 어떠한 상황에서도 침착함을 잃지 않는 태도야말로 성공적인 스피치를 할 수 있는 기본 자세가 된다. 굳이 얼굴이 아니어도 사람들의 머리만이라도 보면 효과적이다.

듣는 쪽에서는 자기 쪽 방향으로 시선이 오지 않는다고 느껴지면 자기가 무시당하

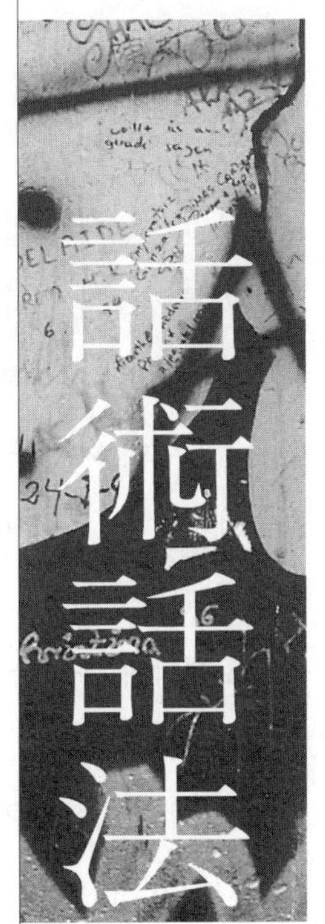

는 것 같은 기분이 들게 될 것이다.

그리고 말하는 사람은 누군가 열심히 눈을 반짝이며 듣고 있다는 것을 느껴야 말하는 맛이 생긴다. 더욱 열정적인 힘을 얻게 된다. 서로간의 감정의 교류는 이렇게 중요하다. 말없이 눈빛으로도 파장을 교환할 수 있다.

한 사람과의 대화에서는 상대보다 1초 더 길게 눈을 바라보자. 상대방보다 훨씬 여유 있는 푸근한 사람으로 보일 수 있다.

 여러 가지 얼굴표정을 활용한다

시종일관 굳어진 얼굴로 일관해서는 안 된다. 인사할 때의 표정과 무언가를 강조할 때의 얼굴, 칭찬할 때, 충고할 때 등 여러 가지 사안에 따라 표정이 다양해야 한다.

감정표현에 대한 훈련이 필요하다. '나는 그래도 사회적인 위치가 있는데, 촐싹거릴 수야 없지.' 라는 근시안적인 사고방식은 빨리 떨쳐 버려야 한다.

희로애락에 다양한 감정 표현 훈련이 필요하다. 수시로 적당하게 변화를 주어야 한다. 즐거운 이야기를 할 때는 얼굴도 즐겁게 해야 하고 진지한 이야기를 할 때는 표정 역시 따라가 줘야 옳다. 표정도 언어다. 그리고 연출이다.

어떻게 표정을 만드느냐에 따라 그 사람의 진가가 더욱 빛이 나게 되어 있다.

딱딱한 나무토막처럼 서서 말을 할 수는 있다. 그러나 그 말의 내용은 전달력을 잃고 말 것이다. 반대로 말은 전혀 없애버리고 얼굴표정만으로 모든 것을 표현한다면 그것은 100% 전달력을 지닐 수 있다. 바로 이것을 이용한 것이 판토마임이라는 무언극이다. 말이 없어도 얼마든지 표현할 수 있음을 예술적으로 발전시킨 연극이다. 사실 언어 이전에 표정은 세계 공통어로서 오늘날에도 톡톡히 그 영역은 본능적으로 발휘된다. 논리적인 면을 강조할 때에서 감성에 호소할 때로 옮겨가면서 표정연출은 필수적이다.

알버트 메하라비안 교수는 언어적 단어나 말은 7% 그리고 성량이나 목소리, 톤, 리듬 등의 음성적 요소는 38%, 그 외의 얼굴표정과 제스처는 55%의 영향력을 행사한다는 결과를 내놓았다.

어느 면에서는 말의 내용보다는(이론상으로는 내용이 가장 중요할 것 같은데) 얼굴표정이 가장 중요하다는 이야기다. 언뜻 인정하기 어렵다고 생각하는 사람일수록 얼굴표정에 많이 좌우될 것이다. 예를 들어 "내가 찻값 낼게." 했을 때의 얼굴표정은 다양하게 상상할 수 있다. 문자상만으로는 어떤 뉘앙스인지 전혀 알 수 없다.

그러나 똑같은 말을 해도 얼굴이 냉정해지면서 차가운 기운이 돌면 '아하, 내기 싫은데 억지로 내는구나.' 하는 낌새를 알아차리게 된다.

이렇듯 때에 따라서는(아니, 대부분이 맞겠다) 말의 내용보다는 시각적 효과가 훨씬 중요하다. 특히 지도자일수록 움직이는 모습, 변화하는 모습을 보여주면서 보다 진취적인 느낌이 들도록 해줘야 한다. 그래서 대통령 선거광고에서는 부드러운 모습을 보여주기 위해 어린아이들을 주로 많이 등장시킨다. 냉철한 선거공약보다도 아무것도 모르는 천진난만한 어린아이들을 내세움으로써 이성보다는 감성에 다가가 호소하는 것이다. '정치인도 저렇게 부드럽고 어린아이 같은 순수성이 있구나' 하는 시각적인 효과를 자아내기 위한 최선의 표정연출이었다.

 목소리를 가꿔야 한다

발성과 호흡 그리고 입모양에 따라 목소리는 다르게 나타난다. 목소리도 외모를 가꾸듯이 가꾸기 나름이다. 얼마든지 발전적으로 개선할 여지가 많기 때문이다.

이상적인 목소리로는 밝고 맑으며 미소와 친절이 배어나오며 건강하고 힘이 있어 자신감과 확신을 전할 수 있는 목소리를 말한다. 그리고 음률의 변화와 음의 고저, 강약 등의 표현을 자유 자재로 할 수 있어야 한다.

정확한 발음을 위해 큰소리로 읽는 연습을 해야 한다. 읽고 또 읽으며 전문가의 조언에 따라 훈련을 해 나가는 것이 가장 바람직하다. 그리고 자신이 읽는 소리를 녹음해서 들어보면 단점이 쉽게 발견된다. 녹음해서 또 읽고 단점을 파악해서 고쳐서 다시 읽고 녹음하고 하는 일련의 작업이 가장 도움이 크다. 일단 되든 안 되든 큰소리로 읽는 것이 중요하다. 큰소리로 말해보고 읽어보고 하면 작은 소리는 얼마든지 조절이 가능하지만 작은 소리로 웅얼거리듯이 읽다보면 큰소리를 내야 할 때는 용기가 나지 않아 몸이 움추러 든다. 그러니 연습할 때는 큰소리로 입을 크게 벌려서 읽어야 한다. 입모양을 내는 데에 좋은 도구가 모음들이다. 이 모음을 읽을 때 있는 대로 입을 크게 벌려서 연습해야 한다. 정확한 발음의 키 포인트는 모음을 얼마만큼 충실히 발음했는가에 달려 있기 때문이다. 입을 벌리지 않는 사람은 스피치의 기본부터 닫힌 사람이다.

그런 후 말의 강약과 속도를 조절해 나가자. 강하게 이야기할 때가 있는가 하면 그냥 평범하게 이야기하듯 지나갈 때도 있어야 한다. 처음부터 끝까지 강한 어조로 이야기한다고 듣는 사람이 집중하는 것도 아니고 듣는 사람의 귀만 아프고 짜증만 난다. 반대로 나긋나긋 이야기하듯 연설이 전부 그런 식으로 메워진다면 청중들은 다들 조느라 바쁠 것이다. 가장 탄력 있고 윤기 있는 목소리를 위해서는 단전으로 호흡하면서 배에서 소리를 끌어올리는 것이다. 신문이나 책을 소리 내어 읽어 보되 배에다 손을 얹고 배가 들어갔다 나왔다 하는 것을 손으로 느끼면서 힘을 주어 읽는다. 이렇게 자꾸 하다보면 굳이 손을 갖다 대지 않아도 배에서 소리가 올라온다. 이러한 노력은 남성이 여성보다 훨씬 수월하게 성취할 수 있다. 본래 남자는 복식호흡을 하고 여성은 흉식호흡을 하기 때문이다. 여성이라도 계속 훈련하면 남성보다 더 윤기 있는 목소리를 가질 수 있다. 문제는 성 문제가 아니라 노력 여하의 문제라는 점을 강조하고 싶다.

좋은 소리를 위해 연설을 하기 전에 단 음식이나 찬 청량음료수를 먹지 않는다. 특히 탄산음료는 절대 금한다. 코나 입으로 '픽' 하고 자기도 모르게 트림이 올라오기 때문이다. 그리고 탄산 그 자체는 성대를 자극해서 목에 좋지 않다. 단 것은 자꾸 침이 분비되기 때문에 연설에 장애를 일으킬 수 있다.

따뜻한 녹차나 물로 목을 축이고 시작하는 것이 가장 바람직하다. 목이 잘 쉬는 사람은 전날 충분한 휴식을 취해야 하며 잘 때 목에 실크 스카프를 두르고 자면 목이 편안해진다. 목을 보호하기 위한 방법들은 많은데 자신에게 제일 잘 맞고 편한 방법을 취하면 된다. 또한 호두를 으깨어 꿀에 재어서 차로 마시면 기침 가래를 막아주므로 아주 좋다.

 유머는 연설의 꽃이다

유머스런 남성이 배우자감의 상위 조건에 들어가는 세상이다. 엄밀히 말해서 남성이나 여성이나 할 것 없이 유머 없이는 어떤 대화도 이끌 수 없을 만큼 유머의 힘은 대단하다. 나아가서 대중의 인기를 한 몸에 얻으려면 무엇보다 재미있어야 한다. 즐겁게 해줘야 한다. 이것은 하나의 고도의 전략일 수도 있다.

그래서 유머를 해야 한다는데 유머의 '유' 자도 나와는 거리가 멀다고 하는 사람에게는 이것은 또 하나의 부담이고 스트레스로 자신을 누르게 된다.

명연설가로 꼽히는 마하트마 간디는 대단한 유머스피치어로 유명하다. "유머를 몰랐다면 나는 아마 자살했을 것이다."라고 말할 정도로 유머와 함께 한 사람이었다. 유머가 대중을 사로잡을 수 있는 힘은 부드러운 유연성에 있다. 최악의 어려움 속에서 유머는 한 줄기의 밝은 빛이고 따뜻한 광명이다. 대체로 어려운 역경을 거쳐 온 사람들에게서 유머스러운 사람들이 많다. 바로 굳센 의지와 투철한 철통 같은 정신만으로 될 수 없는 한 차원 높은 유머로 어려움을 극복했기 때문이다.

유머는 가려운 곳을 긁어줄 때 얻는 호탕한 쾌감과도 같이 우리에게 흐뭇한 감성을 일으키는 특효약이다. 부드러움으로 사람을 사로잡을 수 있는 유머는 그래서 유혹과 일맥상통한다.

유머를 두려워 하는 사람은 유머에 대한 실패를 맛보았거나 나와는 어울리지 않을 거라는 전제아래 전혀 엄두를 내지 못하는 사람이다. 남을 웃기는 재주는 확실히 큰 능력 중의 하나다. 보통 말하기를 어렵게 생각하는 사람일수록 남을 웃기는 재주가 자기에게는 없다고 단언하고 자포자기해 버린다. 남을 웃기는 것은 억지로 되는 것도 아니다. 솔직함이 깃들면 잔잔한 미소를 만들어낼 수 있다. 박장대소해야지만 유머로서의 진가를 발휘하는 것만은 아니기 때문이다.

상대방이 불쾌하지 않은 범주 내에서 자신의 단점도 드러내고 솔직함을 드러낼 용기가 있다면 상대방은 말하는 사람의 따뜻한 면을 보고 흐뭇해 할 테니까.

유머 역시 노력이 대부분을 차지한다. 유머에 관한 글들을 많이 접해야 하며 유머가 나오면 받아 적는 메모광이 되어야 한다. 그리고 말만 하면 주변을 웃기는 사람을 택해서 늘 곁에 있으려고 해야 한다.

- 유머에는 애정이 깃들어 있어야 한다. 말 속에 뼈가 있듯이 유머라고 했는데 그것을 야유나 꼬집기 식의 암시로 상대방에게 뱉어서는 안 된다.
- 유머에는 여유가 있어야 한다. 이 여유는 위트와 구분되는 것이다. 위트는 말의 어원도 지성이라는 말에서 비롯되었듯이 기지나 재치로 바꿔 말할 수 있는데 유머와 마찬가지로 웃음을 던져주긴 하나 날카롭고 예리하다. 좀더 푸근하고 인간적인 면을 느낄 수 있는 것은 유머다.
- 유머에는 진심이 담겨 있어야 한다.
- 유머를 하려면 비유법을 사용하면 좋다. 비유를 이용하면 두 가

지 대상을 비교해서 그것들이 서로 연관되어 있는 것을 보여줄 수 있다.

대중을 유혹하는 유머는 반대세력들의 분노를 사게 할 수도 있다. 그러나 그럴수록 반대세력은 지나치게 심각하고 방어적이고 괜한 무게만 잡고 있는 것으로 보일 뿐이다. 이렇게 반대의 이미지가 굳어보일수록 부드러운 유머는 말하는 사람을 더욱 돋보이게 만들 것이다. 그런 의미에서 유머는 비타민 C다.

● 유머는 타이밍이 잘 맞아떨어져야 진가를 나타내는데 한참 지난 뒤에 말해봤자 장님 헛다리짚기밖에 안 된다. 썰렁한 기운만 맴돌 뿐이다.

● 단어 선택에서 신중을 기해야 한다. 똑같은 표현이라도 아와 어가 다르듯이 오해의 소지가 있을 수 있다. 즐겁다가 갑자기 냉기가 흐를 수가 있다.

동료 중에 S씨는 담소하던 중에 자기 아들이 아토피성 피부라 무척 고생한다는 이야기를 죽 늘어놓고 있었다. 그곳에 모인 다른 사람들은 아토피가 그렇게 힘든 질환이라는 것에 대해 처음 알았다고 하면서 걱정을 해주고 있었던 터였다.

돌연 P씨는 순간 웃기고 싶었던지 얼굴을 환하게 활짝 웃으면서 소리 높여 말했다.

"그래? 그게 그렇게 힘들고 가렵고 긁다보면 얼굴이 울퉁불퉁? 으

윽? 아하. 그럼 … 뭐랄까… 문둥병 같은 거네?"

하고 천연덕스럽게 큰소리로 외쳤다. 그 자리에 모인 사람들은 너무 기가 막히게 안 맞는 비유라 오히려 뒤로 넘어갈 정도로 웃을 수밖에 없었다. S씨 보기가 민망해졌다.

"건조해서 더 가렵다니까 물가에 살면 좋겠네."라고 누군가 심각하게 물어봤다.

S씨는 "맞아. 물가에 자주 데려가래. 아니면 한강 근처라도."

또 눈치 없는 P씨가 끼어들었다.

"그럼… 음. 커서 어부 시켜. 어부 하면 되겠네."

너무 심한 거 아냐? 하는 눈치를 서로 막 교환하고 있는데 누군가 그 분위기를 바꿔보려 다시 이야기를 시작했다.

"크면 나아지겠지 뭐."

S씨는 "아냐. 또 재발하고 그런데. 걱정이야. 면역성도 떨어져서 성장도 늦고…."

이때 P씨가 또 입을 열었다.

"면역성이 떨어져? 아이고 이거 다 됐구만. 그럼 당뇨병이네?"

우리가 웃어 주기를 기대하고 막말을 스리쿠션으로 마구 내뱉고 있었다.

"무슨 비유가 그래요? 무슨 말도 안 되는 소리를… 문둥병으로 시작해서 어부를 하라니 그리고 당뇨병까지. 뭐가 제대로 맞아떨어져야 웃든지 말든지 하지. 좀 심한 거 아니에요?"

하고 옆에 있던 동료 중 한 명이 톡 쏘아 붙였다.

처음에 다들 웃어준 게 P씨의 착각을 부채질 해주었던 것이다. 본인은 유머를 잘하고 있다고 생각했던 것 같다. 그러나 비유가 너무 안 맞았을 뿐더러 상대방의 아픈 구석을 노골적으로 헤집고 말았다.

 청중을 파악하고 청중에게 맞는 언어를 사용하라

청중이 누구이든 간에 중요한 것은 친근함이다. 청중보다 우월하게 보일 필요는 없다. 지도자라는 위치가 말해주고 있기 때문에 말에서조차 위엄을 세울 필요는 없는 것이다. '에… 음…' 하면서 뜸 들이기로 위엄을 대신하려 하거나 복잡한 통계수치로 귀를 어지럽게 한다거나 하면 최악의 상태이다.

우선 연설할 때의 청중을 파악하는 일이 급선무다. 그들의 하는 일과 연령층, 성별, 그들의 교육수준, 성향, 가난한가, 부유한가, 보수적인가, 자유분방형인가, 지방색이 있는가 없는가 등 전체적인 분위기 등을 알아내야 한다. 연설을 할 때의 시간은 언제인가, 청중이 원하는 바가 무엇이라고 생각하는가까지 주도면밀하게 내다볼 줄 알아야 한다.

그리고 연설이 시작되면서는 직접적인 관찰로 청중의 반응을 섬세하게 느껴야 한다. 그들이 어느 대목에서 웃고 있는지, 어떤 말에도 전혀 반응하려 하지 않고 경직되어 듣고 있는지, 지루해서 하품하는 사람이 있는지 잘 봐야 한다.

리더의 한마디는 언론으로 번져 나갈 수 있다는 것을 항상 생각해야 한다.

잘되가고 있다고 생각이 들지 않는다면 일명 눈높이 연설을 하고 있는지, 그래서 친밀감을 공유할 수 있는지를 생각해 봐야 한다. 이럴 때 서민적임은 이점으로 다가갈 수 있다. 똑똑해 보이는 것은 '참아는 것도 많고 똑 소리 나는구만!' 하고 평가를 내리면서도 한편으로는 근접할 수 없는 벽을 만들게 된다. 청중의 가슴을 파고들 만한 예화를 들어서 그들의 편견으로 만든 벽을 허물어야 한다.

석가모니 부처님이 화술의 대가였다는 것은 당시 인도의 카스트제도의 영향으로 각 계급들이 사용하던 언어가 달랐는데도 어떤 대상이냐에 따라 언어를 달리 구사했다는 점에서 입증된다. 그리고 상대의 지식정도에 따라 수많은 단계별 설법을 한 점도 지적할 수 있다. 그러다보니 8만 4천 법문이 나온 것이다. 상대를 위한 맞춤형 연설을 해야 청중은 강한 공감대를 만들 수 있다. 함께 호흡하고 함께 고민하고 있다는 일체감을 갖게 된다.

그리고 청중을 사전에 파악하기 위한 작업으로 자료수집 방법이 있다. 사전에 청중에게 설문지를 받거나 명단 등의 기록을 검토하여 파악하는 것이다. 더 정확하게는 청중의 일부는 역시 사전에 만나서 의

견을 들어보거나 관심사나 흥미 등을 서로 교환해 보는 것도 좋은 청

중파악이랄 수 있다.

의사소통에서의 자기계발

선진외국의 경우 유명 CEO의 중대한 퇴진 이유 가운데 하나는 효과적인 의사소통의 실패로 알려져 있다. 의사소통이 왜 이렇게 힘드는 것인가? 내가 보낸 언어파장이 상대방에게 도달하고 상대방은 그것을 전달받아 반응을 나타낸다. 다시 상대방은 자신의 반응을 보내면서 소통이 되는 것이다. 서로의 파장이 어긋나면 의사소통은 이루어지지 않는다.

1 대 1 대화에서나 청중을 향한 연설이거나 모두 의사소통이 목적이다. 열심히 말했는데 알아듣지 못하거나 들으려 하지 않거나 했을 때의 결과는 안 하느니만 못 하다.

1 대 1 대화를 잘한다고 연설을 잘하는 것만은 아니다. 연설은 잘하는데 개인간의 대화는 못 하는 사람도 있다. 그러나 이 둘은 서로 연관되어 있다. 개인간의 대화를 잘해

야 연설도 잘한다. 공식적인 자리에서만 말하고 사적인 자리에서는 입이 열리지 않는 사람도 있다. 이것 역시 자기계발을 해야 할 사항이다.

의사소통의 기본이 되는 대화로 자기계발을 시작하는 마음을 가져보자.

 자기소개를 정확하게 한다

제 아무리 유명인사라도 자기소개는 야무지게 해야 한다. '날 모르면 간첩이지.' 하는 마음으로 그저 눈인사로 위엄을 보여서는 안 된다. 마주 보고 말하든 전화로 이야기를 하든 이름부터 밝히는 것이 순서다.

어느 대기업의 CEO와 인터뷰를 약속하고서 만나기로 한 날짜가 변경된 것을 알리

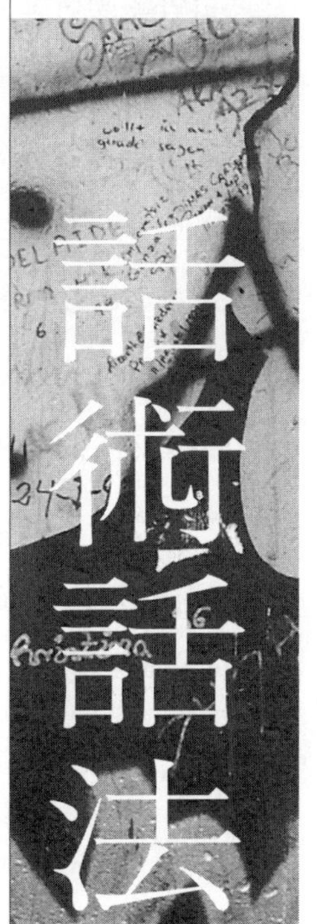

기 위해 그리고 공적인 어떤 말을 전하기 위해 직접 통화를 해야 할 때였다. 겹겹이 장막이 쳐진 비서진들의 관문을 통과하고 전화가 연결되었다.

"음. 난데요." 하는 말이 대뜸 터져 나오는 바람에 난 당황하게 되었다. '상대방을 다 알고 있으니 용건만 간단히 말해라'와 '너도 나를 알고 있을 테니 굳이 통성명 절차를 하지 않아도 되겠거니' 했었나 본데 듣는 사람으로서는 무척 불쾌했다.

사람에 대한 응대나 짤막한 인사말 몇 마디로도 활력이 넘치는 멋진 스타일을 뿜어낼 수 있다. 인사를 나눈 것만으로도 상대방을 유쾌하게 하는 사람이 되어야 한다.

모든 것은 방송에서의 'On Air' 다. 생방송 불이 켜지면 진행자는 어떠한 이유가 있더라도 결코 내색해서는 안 된다. 신체적 · 심리적 상황이 극도로 좋지 않더라도 하물며 부모님이 돌아가셨다는 통보를 받았어도 내색을 해서는 안 되는 것이다. 청취자는 진행자의 개인적인 사정을 알 수도 없을 뿐더러 알 필요도 없기 때문에 그러한 개인적인 기분을 받아들일 의무는 없는 것이다.

솔직함이 깃든 것과 자신의 기분을 드러내는 것과는 전혀 다르다.

자기소개는 얼굴이다. 그리고 전부일 수 있다.

열정이 깃든 환한 얼굴로 악수를 청하는 멋진 매력인이 되어 보자.

 ## 상대에게 최대한의 관심을 보여 줘라

어떤 CEO는 자기가 받은 명함에 그 사람의 인상과 관심사항 그리고 자녀의 이름까지 메모해 두는 사람이 있다. 다음에 만나기로 했다면 반드시 사전에 자녀이름을 기억해서 'ㅇㅇ 는 공부 잘합니까?' 라는 식으로 친근감을 나타낸다.

듣는 사람은 충분히 감동을 받는다. 이렇게 말솜씨는 작은 배려에서 시작된다.

몇 번을 인사하고도 "제가 건망증이 워낙 심해서요. 누구시더라?"라고 해오면 김이 빠진다. 이름은 부르라고 있는 것이다. "안녕하세요? 아이고 반갑습니다."라고 하기보다는 "이현정 씨. 반갑습니다. 잘 지내셨죠?"로 접근하는 것이 몇 배의 효과가 있다. 상대가 어떤 스타일을 좋아하는지 어떤 성향으로 보이는지 현재 어떤 업무를 하고 있는지 관심도를 드러내 놓아라. 감동의 물결은 쉽게 지워지지 않는다.

공적인 대화를 해야 할 만남이라도 우선 사적인 친밀도를 형성하고 나서 대화를 이끌어 가는 것이 훨씬 수월하다.

"지난번에 자전거 타신다고 하셨죠? 어때요. 요즘은? 주로 어딜 달리십니까? 한강 둔치에서 자전거 타는 사람들을 보면 당신이 생각나더군요."라고 해보라.

자전거를 매개로 많은 대화가 파생되어 줄을 잇게 된다. 서로의 취미를 확인해보고 알고자 하는 궁금증을 서로 교환하다 보면 어떠한 이야기도 풀어갈 여지를 만날 수 있다.

지도자의 경우 위신과 체면을 중시하는 우리의 풍습 때문에 목각인형처럼 입만 움직이며 이야기하는 사람들이 많다. 풍부한 제스처는 쑥스러워서 죽어도 못 하겠다면 말에 따라 손과 얼굴의 작은 움직임만이라도 시도해 봐야 한다.

어쨌거나 제스처는 대화의 흐름을 원활하게 해주는 촉매역할을 한다. 되도록이면 솔직한 제스처를 계발하도록 해야 한다.

S병원의 병원장이 스포츠의학계에서 상을 받고 아시아의학계에서도 상을 받는 겹경사가 있어서 인터뷰를 하러 갔다. 이분은 얼마나 활기찬 분인지 전혀 예상치 못한 나로써는 오히려 놀랄 수밖에 없었다. 문을 열고 들어서는 순간부터 그분의 활기찬 열정은 시작되었다. 황소 같은 부리부리한 눈이 튀어나올 만큼 눈을 크게 껌벅이며 최선을 다해 맞아 주었다. 소파에 앉아서도 주스를 마시면서 이야기를 할 때도 그분의 제스처는 온 방안이 꽉 찰 정도의 느낌을 받을 만큼 크게 느껴졌다.

"내가 우리 병원의 모든 직원들, 그러니까 의사들한테까지도 이 활기참을 전염시키죠. 아침에 만나서 인사할 때도 난 큰소리로 하거든. 다들 놀랄 정도로… 하하하하." 이렇게 세차게 웃는 바람에 소파가 다 들썩거렸다.

정말 몸동작이 이렇게 큰 사람은 참 보기 드물다고 생각이 들 정도였다.

더 놀랄 일은 어떤 이야기를 하던 중 갑자기 이런 제안을 해오는 것이었다.

"와. 우리 서로 말이 통하는구먼. 자, 우리 하이파이브 합시다. 이거 그냥 있어선 안 되겠구만." 하면서 양 손바닥을 나란히 활짝 펴서 내 얼굴 앞에 들이 미는 것이었다.

마이크를 잡고 있던 내 손도 따라서 하이파이브를 할 수 밖에 없었다. 짝!

몸을 뒤로 젖혀가면서 크게 웃던 병원장은 그렇게 몸동작이 컸고 활기가 넘쳐흘렀다. 옆에 있으면서 같이 따라서 힘차게 웃을 수 있었다. 확실히 기운은 옮겨간다.

그리고 말을 할 때 상대방에 관심이 있음을 보여주는 단적인 사례로 눈 맞춤이 있다. 눈을 똑바로 쳐다보자. 눈을 마주치는 것은 내가 말하는 내용에 대한 확신을 불러일으켜 줄 뿐만 아니라 상대의 말에 가치를 부여하고 있다는 것을 보여주는 중요한 행위이다.

 ## 화제발굴을 위해 노력하라

내가 아는 한 L 소설가는 한 번 말이 시작되면 전공인 역사로부터

시작해 모든 것을 다 훑느라고 입이 모자랄 지경이다. 얼마나 할 말이 많은지 쉴 새 없이 입을 움직인다. 신기하기도 하고 부럽기도 하고 해서 그 입만 열심히 쳐다본 적이 있었다. 그의 전공이 역사이다 보니 여러 가지 뒷얘기들부터 시작해서 지금의 이야기까지 대입해서 말하는 기술이 탁월했다. 거기다 진한 경상도 사투리가 더욱 이야기를 돋우어 주었다. 한 번은 내가 있는 방송사로 찾아왔는데 갑자기 생긴 녹음일 때문에 혼자 기다리게 했다. 로비에 덩그러니 혼자 앉아 있을 것을 생각하니 미안한 감이 들었다. 하지만 녹음을 끝내고 내려와 보니 상상했던 분위기와 완전히 다른 분위기에 내가 놀랄 정도였다.

벌써 로비 옆에 있는 서점 아줌마와 침을 튀겨가며 손을 마구 휘저어 가며 열변을 토하고 있었다. 무슨 이야기인지 지나가는 사람들도 궁금해 한 사람 두 사람 슬금슬금 앉아서 그 이야기를 듣고들 앉아 있었다. 또 지나가던 한 아줌마는 "뭔데? 무슨 일 났어?" 하면서 의자까지 끌고 와 앉는 것이었다.

역시 전공인 역사 이야기부터 시작해서 지금의 고쳐나가야 할 일들을 이야기하니 다들 맞소 ! 아니오! 서로 엇갈려 소리 높여 언쟁까지 하도록 만들었다. 대단했다.

한바탕 분위기를 만들어내고는 나가려니까 서점 아줌마는 못내 아쉬워 다음에 또 오라고 신신당부를 한다.

자기가 아는 분야만 나오면 그제서야 입을 떼는 사람은 이러한 연결고리에 자신이 없기 때문에 그렇다. 이러한 회화는 연설에서나 있어야 하는 체계성이 없어도 그냥 그 자체로 즐길 수 있고 또 그럼으로써 대인관계가 원활해진다. 그리고 여러 이야기가 파생되어 나오는 엉뚱한 맛도 느낄 수 있다. "어? 지금 무슨 얘기하다가 여기까지 왔지?" 할 때의 그 맛이다. 샛길로 무한정 빠지는 것도 묘미 중의 묘미일 수 있다. 수학공식처럼 정답이 딱 떨어지는 그런 것에서는 회화의 다양한 맛을 느낄 수 없다.

화제의 풍요로움을 위해 노력해야 한다. 많은 잡학에 눈을 뜨려 해야 하며 매사에 호기심이 가득해야 좋다. 알아가는 즐거움, 남에게 전해줘야지 하는 의지도 큰 원동력이 된다. 말발은 역시 독서량과 정보량에 비례한다.

화제가 풍부한 사람은 남들과 똑같은 신문이나 잡지를 보고도 아주 색다른 이야기를 전달하기도 한다. 남들 다 읽는 것 외에 기사의 사각지대를 공략하는 것도 화제발굴의 방법이다. 사람들이 읽지 않는 듯한 곳에 눈을 돌리고 아이들과 같은 호기심을 가지고 의식적인 노력을 게을리 하지 않는다면 정보는 나에게로 모인다.

 ## 두려움을 쫓아 버려라

이 세상에는 내가 아는 사람보다 낯선 사람들이 훨씬 더 많다. 그래

서 사람들 앞에서 말한다는 것은 나를 모르는 낯선 사람들 앞에서 말해야 한다는 심리적인 중압감이 내리누르는 것이다.

남 앞에 나서서 이야기하는 두려움은 지구상의 모든 사람들이 다 갖고 있는 공통된 감정이다. 제 아무리 스피치에 대한 생활화가 되어 있는 미국이나 유럽 사람들도 제일 두려워하는 것 중에 이 남 앞에서의 말하는 두려움을 꼽는다.

100명 중 99명은 모두 이런 현상을 갖고 있다는 것이 미국에서 실시한 연구결과에서 나타났다.

실제로 나는 아나운서로서 훈련받기 전까지 두 사람만 있어도 한마디 말을 못 했다. 어쩌다 강요에 의해 말을 해야 할 자리도 쥐구멍에 들어갈 목소리로 어물쩡거리다 말곤 했을 뿐이다. 더구나 안면에 경련이 일어나면서 입 주변도 일그러지기 일쑤였다. 보기 흉한 얼굴일 것이라는 절망감이 일어나면서 나 자신도 정신적으로 무너져 내리게 되었다. 그러나 아나운서의 길로 들어서면서 강력한 훈련 끝에 그리고 어쩔 수 없이 나서야 했으며 그러려니 하는 마음가짐이 크게 나의 자세를 만들어주었다. 수없이 반복되었던 여러 가지 실수들, 이런 실수들이 자양분이 되었다.

그러다 보니 남 앞에서 솔직해질 수 있는 여유가 생겼다. 내가 조금 모자란 모습, 대놓고 실수하는 모습까지 그대로 드러내 보였다. 완벽주의자일수록 실수를 용납하지 않으려 한다. 그러나 남 앞에서의 실수도 자기 것으로 사랑해야만 한다는 것을 경험으로 체득했다. 조그마한 실수도 용서할 수 없는 각박한 마음만 허물면 세상을 받아들이기는 훨씬 쉬웠다. 완벽에 대한 놓아버림이 약이었다.

방송을 통해 여러 출연자들도 접하면서 그들도 지위고하를 막론하고 덜덜 떠는 모습을(마음속으로 흐뭇해하며) 바라보며 인간은 누구나 마이크 앞에 평등하다라는 진리를 얻었다.

다이애나 비가 어느 날 만찬파티에서 여러 귀족들과 일일이 만나 인사를 건네는 가운데 "저 지금 굉장히 떨려요. 이렇게 한 사람 한 사람 만나서 인사하고 말을 거는 게 참 힘듭니다."라고 솔직히 토로한 것이 기사화된 적이 있었다. 왕실의 기풍과 체면 그리고 품위로 무장된 학습된 인사가 아닌 솔직하고 순수한 마음이 많은 기자들의 눈에 신선하게 들어온 것이었다.

두려움의 증폭은 상상으로 키운 결과다. '내가 여기서 실수하면 다들 얼마나 비웃을까 그리고 내 꼴은 또 뭐가 될까? 다들 집어치우라고 야유를 퍼부을 거야 아마.' 등등의 꼬리의 꼬리를 문 실패의 그림을 막 찍어내는데 이와는 반대로 그림을 그려야 한다. '까짓것 해보지 뭐. 실수한다고 죽나?' 하는 철면피가 되어보자. 어떠한 경우에라도 어두운 그림자는 아무 도움도 되지 않는다. 무엇을 하든지 항상 밝은 면을 그리고 성공하는 그림을 떠올려야 한다. 그것이 마인드 컨트롤이다.

카리스마를 적절히 활용하자

　카리스마는 인간을 지배하고 이끌어가는 힘으로 지도자로서 군림한다. 사람을 끌어들이는 강력한 흡인력으로 진공청소기처럼 대중을 빨아들이는 힘이다. 카리스마는 사람들 앞에서의 두려움과는 정 반대로 넘치는 자신감의 소유자다. 강한 욕구와 강렬한 눈빛, 멈추지 않는 열정이 눈에 보인다.

　카리스마라는 말 자체가 종교적인 출처를 갖고 있다. 그리스어 카리스마는 예언자들과 그리스도를 말한다. 신의 은총으로 받은 재능을 의미했는데 요즘에 와서야 종교적인 색깔이 전혀 보이지 않는다. 하지만 인기가수나 영화배우들에게 보이는 카리스마는 거의 종교에 가까울 정도로 맹목적이다. 그래서 대중을 울리고 웃기고 감동 주고 분노를 일으키게 하는 온갖 감정의 소용돌이를 만드는 원초적인 공장을 가지고 있다.

팬들은 거의 신흥종교의 교주를 따라가
듯 자기가 좋아하는 연예인을 따라간다.
무엇이든지 사랑하고 좋아하고 이해하려
한다. 카리스마의 고향인 종교적인 것으로
다시 돌아가고 있다. 기계적이고 논리적이
고 계산적이고 확증적인 세상에서 오히려
이러한 카리스마는 사람의 심층을 헤집고
들어오기에 더욱 빠르고 이유가 없다. 카
리스마는 대중이 있어야 새롭게 살아나는
사람이다. 대중이 있어야 존재의 의미를
갖는다.

결정권에 대한 나약함에 우왕좌왕하는
현대인들은 자신의 결정권을 타인이 대
신 해주기를 바라기도 한다. 그러한 결정
을 과감히 해주는 카리스마를 희망하는
지도 모른다. 카리스마는 심하면 독재로
변질되기 쉽다. 그러나 어느 정도의 카리

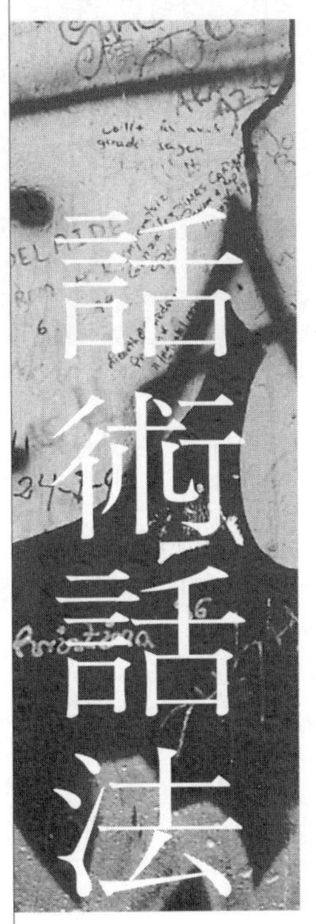

스마는 두려움에 대항하기 위해서라도 필요하다. 무대에서의 신비감, 가까이 갈 수 없는 어떤 다른 차원의 착각을 즐기게 한다. 지도자로서의 자질에는 이 카리스마가 필요하다. 대중을 이끌어야 한다는 의무감에서 부여되기 때문이다.

최근 경제난이 자주 생활을 압박하고 그로 인해 사회가 침체되는 양상에 막연히 지난날의 카리스마적 지도자를 그리워하기도 한다. 그러나 카리스마는 지도자의 자질 요건 중의 작은 일부분일 뿐이다. 카리스마가 전부였던 옛날의 지도자로서는 지금을 이끌지는 못할 것이다. 강력한 카리스마가 전부인 각 나라의 지도자들의 최후가 안 좋은 것도 공통된 결과물이다.

그러나 카리스마의 기질을 보여주는 대중을 향한 연출은 상당히 긴요하게 쓰여질 수 있다. '안 되는 것도 되게 하라' 라든가 '결과는 생각지 말고 무조건 밀어붙여' 식의 맹목적 카리스마는 이제 발붙일 곳이 없어야 한다.

현대적 카리스마는 고정된 편견을 깨고 인습을 타파하는 신선감에 있다. 그리고 자신이 승부수를 던지는 것에 대해 감동적으로 이야기할 줄 안다. 마음과 몸 그리고 정신이 함께 움직이기 때문에 거기에서 풍겨 나오는 힘을 사람들은 느끼는 것이다.

 ## 말에는 순서가 있어야 한다

여야 각 당은 선○○, 후○○로 자주 대립한다. "선이 뭐가 됐든 후가 뭐가 됐든 뭘 그런 걸 가지고 싸우나? 할일들이 없어서 그래." 국민들로부터 이런 핀잔을 계속 받으면서도 그래도 안건들이 나올 때마다 이러한 신경전은 끊이지 않는다.

그러나 이야기도 순서에 맞춰야 하듯이 선과 후는 상당히 중요한 부분이다. 이야기할 때 정리되어 있지 않은 채 조급한 마음에 생각나는 대로 불쑥 말을 꺼낼 수는 없다. 물론 가장 중요한 이슈라면 다른 것들을 다 제치고 맨 앞으로 올려야 되겠지만 특이사항이 없는 한은 순서를 지켜주는 것이 옳다.

무엇이든지 정리가 되어 있으면 자기 자신은 물론이고 다른 사람들과의 대화에서도 혼란스럽지가 않다. 먼저 시간의 순서인데 극히 당연한 것이라 무시되기도 쉽다.

- 아침 · 낮 · 저녁이나 어제 · 오늘 · 내일 그리고 사건의 발생에서부터 종결까지, 발생 동기 등으로 수순을 밟아 나가면서 이야기를 풀어간다.
- 구체적인 것에서 추상적인 것으로의 순서, 즉 잘 알고 있는 것에서 잘 알지 못하는 것으로 이동하면서 이야기를 해 나간다.

● 중요한 것에서 가벼운 것으로 나가는 순서로 이야기하자. 처음
에 시작한 말은 오래가기 때문이다.

● 다그칠 문제가 있어 처음부터 무한정 혼을 내놓고 끝에 가서 다
시 한 번 처음에 언급했던 그 문제를 다시 들추어 또 다시 질책
하는 리더들도 있다. 듣는 사람들은 정말 갑갑하다.

"자. 오늘 회의는 이것으로 마칩니다. 참 아까 말했던 그것 말입
니다…" 하면서 이미 지나간 이야기를 다시 하는 리더들은 중
요성을 인지시키기 위함이라고 할지 모르겠으나 이때부터 사람
들은 귀를 막고 안 들으려 한다.

하나의 습관성 꾸중으로밖에 달리 받아들일 수 없을 테니까 그
저 묵묵히 참느라고 애를 쓰게 된다. 혼을 내는 것도 순서에 맞
게 해야 알아듣는다.

혼 내야 할 일이 우선이면 맨 처음에 꾸중을 하고 그 다음엔 다
른 이야기로 전환해줘야 절도 있는 리더가 된다.

 질의응답을 즐겨라

"여기 회장실은 여러분에게 활짝 열려 있습니다. 언제든지 이야기
하고 싶은 분들은 서슴지 말고 들어오세요. 개방되어 있습니다." 리
더들은 누구든 이런 이야기를 잘 꺼낸다. 일종의 오픈 된 마인드의

강조다. 그러나 식상된 이런 이야기로 이제는 "함부로 근접하지 말라는 이야기군." 하고 수군거릴 수 있다.

누구든 첩첩으로 둘러싸인 구중궁궐을 대하는 듯한 느낌을 지울 수 없다. 이런 리더일수록 더욱 안으로 파고드는 경우가 많다. 특히 골치 아픈 현안을 다룰 협상자리일 경우는 대화의 자리조차 나서지 않으려는 의지가 확연히 보이기 때문이다.

조직의 발전을 위한 아랫사람들과의 대화자리를 자주 마련하라. 소수의 모임일수록 더욱 생생한 목소리를 접할 수 있을 테니까 말이다.

질문을 받고 또 질문을 던져서 깊은 답을 들어보는 일련의 이러한 핑퐁 식 대화는 수평적 관계를 만드는 지름길이다.

미국의 존슨 대통령 때 맥나라마 국방장관은 항상 "왜?"라는 질문을 준비하고 다녔다고 한다. 그는 언제나 자신의 의견에 이의가 있다고 한다면 어김없이 "왜죠?"라고 질문을 했다. 질문은 문제의 핵심을 파악하는 데 큰 힘이 된다.

내가 아는 사람 중에 질문을 너무해서 주변에서 핀잔 받는 게 일인 사람이 있었다.

대체로 우리 정서에서는 질문을 한다는 것은 크게 튀는 행동으로 간주되어 온 것이 사실이다. 그리고 주체 측 리더의 연설이 너무 장황하고 길기 때문에 질문이라도 하면 또 그 지루한 답변을 들어야 한다는 거부감이 강하게 작용하기 때문에라도 질문에 대해서는 누구나 입을 다무는 지도 모른다. 그런데 이 사람은 누구의 말끝마다 질문을 퍼부어서 말하는 사람을 당황하게 하는 경우가 허다했다. 하다못해 친구 결혼식에 가서도 주례사의 "오늘 이 두 사람의 부부의 인연에 이의를 달 사람이 있습니까?"라는 형식적인 절차가 있음에도 " '네. 이의 있습니다' 라고 하면 다들 뭐라고 할까? 한번 해볼까?"라고 나에게 귀엣말을 해대곤 해서 웃은 일이 있었는데 그는 매사에 이런 식이었다.

 ## 테이블 스피치의 기술

여러 가지 모임도 있고 회합도 많은 것이 리더들의 생활이다. 그러기에 항상 크고 작은 테이블 스피치에 시달려야 하기 때문에 골치를 앓는 사람도 봤다.

효과적인 테이블 스피치는 일단 짧고 명확하게 요점만 간단히 해야 한다. 스피치는 모임의 활력소를 만들고 분위기를 띠우는 역할일 뿐이다. 스피치다 해서 잔뜩 부담을 안고 무거운 이야기를 해대는 리더는 리더로서의 자질을 의심받게 된다.

더구나 음식을 앞에 놓고 이야기를 해야 할 상황에서는 무조건 짧아야 한다. 음식 냄새가 코를 찌르는데 어떤 이야기가 귀에 들어오겠는가. '빨리 끝내라' 라는 마음속 주문을 저마다 말없이 외쳐댈 것이

뻔한 일일 텐데.

짧게 압축해서 표현한다는 것은 그리 쉬운 일은 아니다. 그러므로 항상 이러한 준비는 해둬야 한다. 세계적인 리더들도 스피치 연습에 몇 배의 노력을 담아냈다는 것이 거의 일반적인 현상이니까 말이다.

몇 가지 문안을 갖고 다니든가 아니면 외워서 응용하든가 한다. 준비 없이 좋은 스피치가 나올 수 없다.

테이블 스피치는 기존의 자신의 이미지를 개선시키고 변화시킬 수 있는 절호의 기회다. 즐거운 분위기를 자아내되 천박하거나 성적인 농담 등을 해서는 오히려 이미지가 깎인다.

방송에서도 오프닝과 클로징만 제대로 잘해도 그날의 방송은 성공적이다라고 할 수 있을 정도로 시작과 끝은 중요하다. 특히 끝말은 그 사람을 인식시킬 수 있는 강한 여운을 남기기 때문에 더욱 중요하다. 멋진 문구로 분위기를 띄워 보자.

고대 로마제국의 폭군인 네로 황제는 노예와 사자를 한 우리 속에 가둬서 배고픈 사자가 노예를 잡아먹는 장면을 바라보는 취미가 있었다. 어느 날 웬일인지 사자는 노예를 잡아먹지 않았다. 무섭게 달려들던 사자는 노예가 무언가 귓속말을 해주면 풀이 죽어 그만 물러나고 마는 것이었다. 그 광경을 희한하게 생각하며 바라보던 네로 황제는 그만 단념하고 그 노예를 살려주었다. "대체 사자에게 무엇이라고 말했길래 사자가 그리 풀이 죽었는가?"라고 물었다.

이에 노예는 "나를 잡아먹으면 너는 테이블 스피치를 해야 돼."

라고 했다는 것이다. 이처럼 사람은 물론 동물들까지도 한결같이 남 앞에서 자기소개를 한다는 것은 죽기보다 싫은 일이라는 것이다.

우리나라사람은 자기소개에 쑥스러워하고 남사스러워 한다. 오히려 이럴 때 천연덕스럽게 멋진 자기소개로 박수를 받아보자. 자신의 부하직원을 뽑을 때 면접을 하지 않는가. 얼마만큼 자기소개를 잘하는지도 이제는 취업 당락의 관건이 되었다. 그런 만큼 리더가 자기소개 정도 못 해서야 말이 되겠는가 말이다.

 공부하는 모습을 보이자

쉴 새 없이 변해가는 요즘에 새로운 사조를 알지 못하고서는 발붙일 곳이 없을 정도다. 리더는 누구보다도 전문지식에 해박해야 한다.

이러한 의미로 공부를 해야 한다는 것은 누구나 다 아는 상식이다.

'자기 자신을 잘 알자' 라는 의미로 받아들여야 한다. 자기만의 독특한 개성이 돋보일 수도 있고 흉으로 자리잡을 수도 있다. 그러나 다양한 여러 사람들의 눈에 비칠 때는 각각 다르게 느껴질 수 있는 것이다. 내가 말하는 습관, 식사할 때의 버릇, 나만의 선입견과 편견 등등은 지극히 개인적인 것으로 대외적일 경우를 위해 바꿀 의지가 필요하다. 이런 경우 고쳐보겠다는 의지가 공부하는 모습이다.

주변의 조언을 진심으로 받아들이는 자세도 필요하다. 거울을 보며 말해보는 노력, 녹음을 해서 들어보고 자신의 소리에 대한 다른 시도 등은 아름답게 보인다.

누구든지 완벽할 수는 없다. 그리고 그럴 필요도 없다. 그러나 대중적인 모습에서 지양해야 할 점은 과감히 고쳐보는 것도 아름답다.

그리고 자신에 대한 실패이야기도 자신 있게 해보는 것도 좋아 보일 수 있다.

자기의 벽을 쌓아만 가는 사람에게는 버릇이나 단점이 더 드러나기 마련이다. 벽을 부숴버리는 일종의 연출은 상당한 효과를 보여줄 수 있다. 이른바 인간적인 면으로 다가서는 길을 터준다.

 감정처리의 대가가 되어야 한다

"뭐야? 이게 일이라고 한거야?" 이러한 고성이 시작되면서 재떨이가 날라가고 앞에 있던 찻잔이 깨진다. 아랫사람은 죽을 듯이 몸을 사리고 서 있는다.

실제로 이러한 상사를 모셔본 사람들도 꽤 있을 것이다. 이런 리더는 '그래도 뒤끝은 없어. 좋을 땐 또 얼마나 잘해 주시는데.' 라고 위안을 삼기도 한다.

이러한 사람을 카리스마가 있다고 할 수는 없다. 감정의 극과 극을

보여주는 사람은 리더로서 그리 달갑지 않다. 아랫사람들은 항상 리더의 컨디션이 최상의 궁금증이 될 테니까 말이다.

적절한 감정표현은 사람의 풍부한 인간미에 있어서 보탬이 된다. 그러나 감정의 극과 극을 달리는 사람은 그 불똥이 언제, 어떻게, 어떤 방향으로 튀어나갈 지 그 누구도 예측할 수 없기 때문에 항상 조바심이 난다.

그저 리더의 좋은 상태만을 유지시키기 위해 안절부절할 수밖에 없다.

우리가 생활을 해 나가다 보면 자신의 감정을 겉으로 드러내지 않아야 할 때가 있고 솔직담백하게 감정표현을 해주는 것이 더 유연할 때가 있다. 그러나 자신의 감정을 억누르는 태도 자체는 자신에게나 상대방에게나 권장할 만한 것은 아니다.

감정과 건강과의 상호관계를 들먹이지 않더라도 애써 참으려는 얼굴은 상대방에게 더욱 부담을 안겨주는 스트레스로 작용할 것이다.

미국에서 젊은 간호사들을 대상으로 실험을 했는데 간호사라는 업무는 특성상 환자들에게 선의의 거짓말을 해야만 하는 사람들이다. 이때 간호사에게 두 가지 장면을 보여주었다. 하나는 매우 역겨운 수술 장면이고 다른 하나는 즐거운 장면의 영화였다. 한 번은 자신이 본 장면을 그대로 묘사해 보라고 하고, 또 한 번은 정반대로 이야기하라고 하고는 그 사람의 표정과 동작을 분석한 것이었다. 짧은 순간의 얼굴 변화를 분석한 결과 진실을 말할 때의 미묘한 표정을 알아차렸다는 결과였다. 이 미묘한 감정표정은 표현을 억제하려는 뇌의 지시보다 감정의 표현이 너무나 빨리 얼굴에 나타나기 때문이라는 것이다. 결국 즉각적인 반응으로서의 감정표현과 이를 통제하려는 뇌의 지시와는 엄연한 시간적 차이가 난다는 것이다.

무의식적인 근육반응으로 나타나는 감정표현은 말보다 더 솔직하다. 솔직하지만 절제된 감정표현은 리더로서 충분히 갖춰야 하다고 본다.

효과적인 메시지를 위해

팬터마임이 아닌 이상 리더는 말을 꺼냄으로써 대중을 사로잡아야 할 의무가 있다.

어떤 말?

어떤 말을 어떻게 하느냐에 따라 결과는 전혀 다르게 나타날 수 있다.

과연 어떤 말을 할 것인가가 관건이 될 것이다. 리더는 부하직원들보다 지식이 월등해서 리더가 되는 것만은 아니다. 지식 + 알파일 텐데 그 알파가 더욱더 중요하다. 그 중에 화술, 커뮤니케이션 등이 리더의 자격으로 크게 급부상되는 시대가 요즘이다. 오히려 리더보다 더 전문적인 프로들이 많을 수 있다. 어찌 보면 이것이 자연스러운 현상이랄 수 있겠다. 그러니 리더가 대중(전문지식을 갖춘)을 상대로 지식을 논한다면 연설이랄 수 없다. 자기가 갖고 있는 지식을 실로 꿰어 연결해 하나의 다른

그 무엇이 만들어져서 보여줘야 하는 것이
다. 새로운 생각을 이끄는 힘 그리고 그러한
지식들을 활용해서 고부가가치로 전화시킬
응용력, 전혀 새로운 것을 제시하는 창조력,
판단하고 사고하는 힘 등을 동원해야 하는
것이다.

메시지는 사람의 마음을 움직이고 잠자는
머리를 깨워주고 잔잔한 가슴을 울렁이게끔
해줘야 한다.
효과적인 메시지를 위해 항상 깨어 있어
야 한다.
이 사람이 아니면 들을 수 없는 독특한 면
을 갖고 있어야 대중이 호기심으로 모여든
다. 좀더 새로운 것을 제시하고 그것이 일
상에서 어떻게 읽혀지는 지 구체적인 설명
이 있어야 살아 있는 말이 된다. 그러면 듣

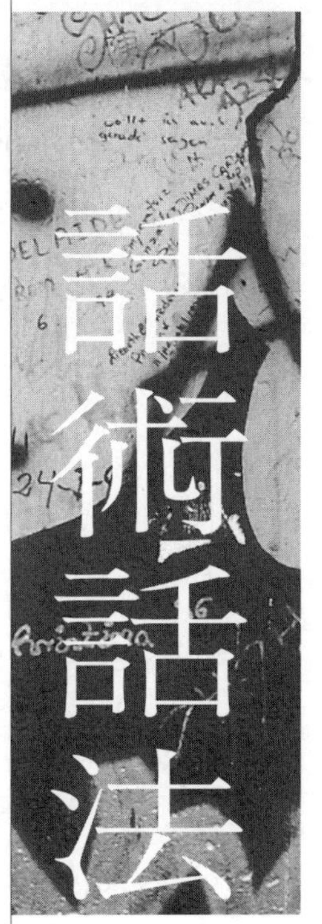

기 좋은 이상향으로 그칠 것인가 하는 점이다. 그것은 그때뿐이다. 나와 직접적인 연관이 있어야 사람들은 말하는 사람의 말을 가슴 속에 담아 기억해 낼 것이다.

여러 가지 사례를 들어주는 것도 메시지를 위한 효과적인 방법이다.

 ## 메시지와 때를 잘 맞춰야 한다

기가 막히게 훌륭한 말할 거리를 발견했다 하더라도 그것을 언제 이야기해 주어야 100% 효과를 발휘할 것인가는 적절한 시기가 문제이다. 좀더 입체적으로 생각해야 하며 무엇보다 나 위주의 스케줄에 맞출 것이 아니라 상대를 먼저 생각하고 그 입장이라면 어떻게 받아들일까도 내다볼 줄 알아야 한다.

의사소통이 필요한 때가 분명히 있다. "날이면 날마다 오는 게 아닙니다."라는 떠돌이 약장수의 구호처럼 그렇다. 항상 있는 것이 시간이지만 원하는 시간은 귀하다.

지난 번 대구 지하철 참사사건(2003년 2월)이 있은 후 대부분의 유가족들은 "내가 사랑한다는 말을 하지 못한 것이 마음이 찢어집니다. 그 말이라도 해줬어야 했는데…" 가족간에는 천년 만년 살 것 같은 친숙함이 깔려 있기 때문에 해야 할 표현을 무시해 버리기 일쑤다.

이러한 오해는 부부간이면 더욱 극명하게 드러나는 경우가 허다하다. 평소에 자기 부인을 의심하는 남편이 결국 부인을 다짜고짜 두들겨 패고는 경찰에 구속됐다. 붙잡혀 들어가면서 부인께 할 말 없냐는 기자의 질문에 "아내를 사랑합니다."라고 분명하게 말하는 것이 TV를 통해 보여졌다. '사랑한다는 메시지가 과연 그 시점에서 합당한가?' 하며 여성들은 분노의 치를 떨었다. '사랑해'라는 글자는 똑같다. 하지만 전달된 메시지는 전혀 다르게 들리는 것이다. 그 상황에 맞는 메시지를 써야 한다. 그래야 누구든 감동 받는다.

특별한 행사가 있어서 지방으로 나가 중계방송을 해야 할 일이 갑작스럽게 생겼다.

모든 기존의 뉴스나 자기 프로그램을 뒤로 한 채 지방으로 가야할 상황에 누구나 가기 싫어하는 모습이 역력할 만큼 모두가 꺼려했다.

그래도 상황에 맞는 사람이 선택되어 갔다 와야 했다. 그 다음날 출근해 뉴스를 해야 하는 입장에서는 여간 무리가 아니었다. 하지만 다음 날 출근해서 "수고했어요. 얼마나 고생 많았어요?"라는 이 한마디는 그야말로 피곤을 풀어주는 약이다. 하지만 '엄밀히 말해서 회사 일이니까 출장이라 해도 방송은 방송 아니야?' 라는 반응은 사람 약 올리는 처사밖엔 안 된다. "나도 다 해봤어. 원래 중계방송이란 게 그렇지 뭐."라는 말은 더 이상 말의 역할을 상실했다.

솔직하면 통한다

솔직하다는 것은 달변이 아니어도 의사소통의 목적에 도달하는 지름길을 가는 것이다. 뭔가 말 속에 진의가 있는 것도 같고 마치 연막을 치는 듯한 야릇한 육감을 받는다는 것은 서로간의 관계에 찬물을 끼얹는 것과 같다.

내가 이 말을 이 사람에게 하는 이유는 무엇인지 자신에게 되물어 볼 줄 알아야 한다. 그렇다면 이 사람은 내 이야기를 듣고 어떤 반응을 가질까도 생각해 봐야 한다. 솔직성을 강조하는 식의 말은 사족이다. "내 말이 진실이 아니면 내 손에 장을 지져."

솔직은 진실이다. 둘은 같다. 솔직해서 통하지 않는 것은 드물다. 그러나 리더로서 솔직해야 할 때도 있고 그렇게 보여선 안 될 때도 물론 있을 것이다. 하지만 '저 사람은 믿을 수 있어' 라는 이미지 형성을 큰 주안점으로 잡고 있어야 한다.

"저 사람의 진짜 목적은 이것이었어."라는 식의 뒷말은 항상 나오게 되어 있다. 그랬을 때의 한 사람에 대한 실망감은 되돌리기 힘들다.

메시지를 생각할 때는 인간 대 인간으로 봐야 한다. 일찍이 맹자는 자기의 장점을 묻는 제자에게 선뜻 이렇게 말했다. "말을 아는 것이지."라고. 말은 한 사람의 전부를 대신할 수는 없다. 그렇기 때문에 말은 그 사람을 나타내는 작은 부분으로서 최고의 결과를 보여줄 수 있어야 하기 때문에 말에 대해 안다고 하는 것은 인간으로서 최고의 경지가 아닐 수 없다. 말은 인간의 됨됨이를 측정할 수 있는 최고의 도구다. 각 나라마다 가지고 있는 자국어에는 그 나라의 사상과 얼이 고스란히 스며들어 있다. 그런 만큼 스피치를 통한 자신의 메시지 전달은 자신의 모든 것이랄 수 있기 때문에 솔직해야 할 수밖에 없는 것이다.

어느 날 외출하고 돌아오니 화분이 와장창 부서져 있는 것이 눈에 띄었다. 누가 그랬냐고 다그쳐 물었더니 "난 아니에요." 동생이 먼저 소리쳤다. "그럼 나란 말이야? 나도 아니야." 누나는 정색을 하고 부인했다. "난 화분이 있었는지도 몰랐는데." 이런 말까지 하면 속이 더 뒤집어진다. "난 화분이 있었는지는 알았지만 이렇게 부서진 건 지금 보고 알았어." 저마다 최대한의 강한 문구를 생각해내고들 있었다.

그러나 듣는 나는 그게 아니다. 누구든 솔직하게 말해 주면 그것으로 끝날 텐데 서로 아니라고 우기는 것에 더 화가 치밀게 되는 것이다. 솔직하면 서로의 관계가 시원해진다.

 ## 메시지는 애매모호해서는 안 된다

메시지가 솔직하다는 것과 정확하다는 것과는 차이가 있다. 명확한 메시지는 자신의 감정과 요구, 관찰을 완전하고 정확하게 반영하는 것이다.

"그러니까 내가 말하는 것은 그게 말이지…" 하면서 돌리고 돌려서 무슨 말인지 도대체 알 수 없게 하는 사람이 있다. 고의성이 보이는 사람이나 말을 잘 못 해서 헤매는 사람이나 이들의 메시지는 석연치 않게 들린다.

이럴 경우 오해의 오해를 낳고 후에 결과물에 대해 서로 밀고 당기는 이해관계가 발생한다. 말하고자 할 때에 질문 형식을 빌리지 말라. 속이 훤히 들여다보이는 질문이 된다. 다툼의 발단이 되어버린다.

복선을 깔고 있거나 야유가 섞인 말은 상대방을 분노하게 만든다.

반드시 실전 연습을 해보자

성공을 위해 가장 처음 시도해야 할 것도 연습이고 마지막 완성도 연습이다. 연습만큼 결과를 보장해 주는 것은 없다 해도 지나치지 않다. 심한 사투리를 연습으로 고친 경우는 허다하게 본다. 그 외에도 스피치에 관한 연습은 마술 같은 변화를 주기 때문에 적극적으로 해보아야 한다. '나도 말을 잘하고 싶다'는 의지를 꺾지 않는 한 그리고 조금 더 나가서 '그럼 해봐야지'라는 결심만 선다면 성공은 맡아 놓은 당상이다. 자, 되었다. 의지와 결심 그리고 실천만 있으면 된다.

문제는 틈만 나면 말을 쉴 새 없이 해보는 것이 필요한데 상대가 있으면 이상하게 보일 수도 있으니 혼자서 계속 떠들어 보라. 실제로 아나운서 훈련중에 애드 리브 능력을 키우기 위해 이러한 연습도 했었다. 그러니까 차를 타고 가면서 혼자 중얼거리는 것이다.

"네. 지금 제가 차를 탔습니다. 아유, 먼지가 많이 끼었네요. 시간 나는 대로 닦아야겠죠? 자, 출발합니다. 오늘은 찻길이 그렇게 꽉 메워 있지는 않군요. 네. 다행입니다. 여기서 저는 유턴을 해야 하는데요, 여러분은 어떠십니까? 이 시점에서 유턴을 하시겠어요? 아니면 조금 돌아가더라도 직진을 택하시겠습니까? 길 위에서는 선택을 빨리 내리셔야 합니다. 우물쭈물 했다가는 사고 나기 십상이거든요. 자, 저는 조금 무리해서라도 유턴을 하기로 결심했습니다. 차가 아주 길게 늘어서 있네요." 하는 식으로 혼잣말 하는 연습이 많은 도움이 되었다.

때로는 버스에서도 "여러분 안녕하세요? 저는 지금 12번 버스에 올라탔습니다. 다행히 앉을 곳이 있네요. 네. 앉았습니다. 현재 달리고 있는 지역은 한남동인데요. 한의원

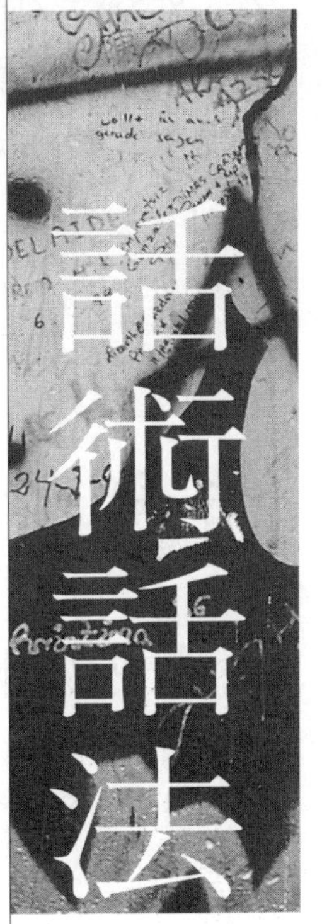

간판이 눈에 들어왔습니다." 속으로라도 이렇게 말하곤 했다.

일단 말을 겁내서는 안 된다. 말은 고이 모셔놓았다가 필요할 때만 딱딱 빼서 쓰는 보물이 아니다. 수시로 쓰고 그리고 즐겨야 한다.

음식을 만들 때도, 누구를 기다리면서도 말을 이어서 방송을 하듯, 일기를 말하듯 말을 동원시켜야 한다.

타이거 우즈는 그의 성공비결을 묻는 질문에, 자신의 아버지가 시킨 맹훈련의 덕이라고 술회한 것이 기억난다. 스포츠의 세계에서나 음악의 세계에서나 그 어떤 분야에서든 연습만큼 큰 스승은 없다.

가장 허물없는 가족들을 이용해도 좋다. '이거 뭐야 쑥스럽게…' 할지언정 상대의 눈을 깊이 응시하면서 말을 해보는 것도 좋다. 물론 혼자 말하고 혼자 답하고 북 치고 장구 치고 하는 것이다. 그저 상대는 있어 주는 것만으로 그래서 눈을 바라보는 것만으로 만족해야 한다. 끊임없는 연습, 또 연습이다.

 힘이 있는 목소리를 만들자

자신의 목소리에 대해 진지하게 관심을 가져본 적이 있나 한 번 생각해 보라. 리더로서 연설이나 짧은 스피치라도 할라치면 원고작성에만 신경을 썼을 것이다. 그 원고를 놓고 몇 번이고 읽어본 적이 얼마나 되나?

이제는 원고가 주어지는 대로 소리 높여 읽어보아야 한다. 소리를 크게, 더 크게 질러보기도 해야 한다. 백 번을 작은 소리로 웅얼거려 봤자 한 번 크게 소리 낸 것보다 못 하다. 소리의 강약과 톤의 변화 등은 큰소리를 통해서 다듬어질 수 있기 때문이다. 큰소리를 지르면 배에 힘이 들어가게 되고 배에서 소리가 나오는 훈련이 되다보면 작은 소리를 쓸 때에도 배에서 힘이 우러나오게 된다. 배에서 나오는 소리는 기름지고 윤택하며 성량이 풍부한 느낌을 줄 수 있다.

내가 있는 방에서 다른 방으로 내 목소리가 넘어가도록 크게 읽는다. 그 사람이 듣고 알아들을 수 있을 만큼 큰소리로 읽어본다. 여러 모로 가족들이 고생이겠다.

크게 읽으면서 평소보다 속도를 늦춰보기도 하라. 그러면 자연히 호흡도 조절이 된다. 그럼 무엇을 읽을 것인가?

신문, 잡지, 인터넷 등등 자료는 있는 한 다양하게 준비하는 것이 좋다. 소설을 읽을 때와 신문을 읽을 때는 각각의 특성이라는 것을 무시하지 못하기 때문에 각각 다르게 읽게 되고 또 다르게 읽어야만 한다.

연기자처럼 연기를 하듯 읽는 것은 감정처리에 도움을 준다. 드라마를 보면서 내가 한다면 어떻게 했을까 하고 생각하는 것은 발전적인 고민이다. 그리고 따라 해보자. 희곡이나 소설은 감정표현에 도움이 된다.

이렇게 큰소리로 읽는 연습과 감정표현연습은 상대방에게 감동적인 소리를 갖게 하기 위함이다. 똑같은 단문을 갖고 기쁘게 말해보자. 그리고 화가 난 목소리로, 또 슬프게 그리고 유쾌하게 소리를 다양하게 내보면 감정의 차별화를 낼 수 있다.

 발성연습

단어 하나하나를 귀중하게 보고 명확히 음가를 내도록 소리 내어본다. 물론 조금 전에 언급했듯이 주변 사람에게 확실히 들리도록 크게 소리 질러 보아야 한다. 속도가 빨라지면 발음이 굴러가면서 음가 하나하나가 뭉그러질 우려가 있기 때문에 의도적으로라도 느리게 해야 한다. 그렇게 하다보면 전체적인 흐름을 잡아갈 수 있다.

목소리의 강약이나 고저, 장단은 말의 흐름의 리듬을 실어주기 때문에 지루하지 않다. 지루한 것만큼 서로간의 고역은 없다.

노래를 부르는 것도 어느 정도까지는 도움이 된다.

새벽방송이 있을 때에는 늦어도 새벽 4시에는 일어나야 목도 트이고 몸도 움직이면서 잠을 깨고 소리도 내봐야 한다. 신문도 읽고 책도 읽는 것도 물론 필요하지만 아침잠이 쏟아지는 사람에게는 수면제일 수도 있다. 나의 경우가 그러한데 분명 큰소리로 읽고 있는데 어느 시점부터인지 도무지 알 수 없게 졸고 있는 나를 발견하고 나는 나의 이런 넘치는 잠을 끔찍하게 생각한 적이 한두 번이 아니었다. 방송국으로 가는 차 속에서 노래를 크게 틀어놓고 따라 부르는 것이 좋은 방법이다. 단, 너무 목을 혹사시켜서는 좋지 않다.

밥을 금방 먹고 난 직후나 커피나 음료를 마시고 난 직후에도 목은 편안하지 않다. 굳이 점심시간 직후에 녹음이 있거나 생방송이 있을 경우에는 식사를 아주 가볍게 해야 목이 편안하다. 아무튼 어느 날은 점심을 든든하게 먹고 소화도 시킬 겸 목도 트일 겸해서 (이건 핑계다.) 주변에 노래방에 가서 노래를 실컷 불렀다. 판소리하는 사람들은 산속 계곡 옆에서 소리소리 지르고 목에서 피가 날 정도로 불러재낀다는데 노래방에서 노래 몇 곡 부른다고 어떨려고 했다가 큰 낭패를 본 적이 있었다. 식사를 한 후의 목은 일단 상기되어 있다. 거기다가 고래고래 소리 지르는 노래를 불렀으니 목이 편안할 리가 없었다.

목을 트이게 한다는 것과 목을 혹사시키는 것과는 큰 차이가 있다.

평소 꾸준한 발성연습은 목을 혹사시키는 것과는 거리가 멀다. 긴장하고 하나하나 도장 찍듯 읽기 때문이다.

평소에 국어의 모음을 입을 크게 벌려 읽는 연습도 좋다. 보통 스피치를 배운 사람과 그렇지 않은 사람과의 큰 차이는 모음의 활용도에 달려 있다. 특히 복모음의 정확한 발음은 흔히 볼 수 없을 만큼 그 의미가 흐려지고 있다.

모음의 정확한 발음과 입 모양 내기는 거울을 보면서 전문가의 도움을 받으면서 해야 바른 길로 나아갈 수 있다.

말하듯이 읽어야 한다

누가 대신 원고를 작성해 주었든 자신이 직접 원고를 준비했든 그 것과는 별도로 연단에서 연설자가 어떻게 그것을 소화해 내느냐는 또 다른 문제다.

연사가 범하는 실수 중의 가장 큰 실수라고 할 수 있는 것이라면 교과서 읽듯 줄줄 읽어 내려가는 것이다. 보고 있는 사람으로서도 참 딱할 지경이다.

청중은 자기한테 말해주길 원하지 결코 훌륭한 글을 읽어주는 것을 원하지는 않는다. 무엇이든지 자연스럽게 연설하는 것이 가장 좋은데 자연스러움이란 평소 내가 이야기하는 식의 자연스러움을 대입시키는 것이다.

자연스럽다는 것은 무의식적으로 내가 말하는 스타일을 말하는데 연단에 오르면서 쏙 들어가 버린다는 데에 문제가 생기는 것이다. 친구나 직원들과 얼굴 맞대고 이야기할 때는 딱딱하거나 굳어지거나 하지 않는데 꼭 연단에만 서면 나무처럼 굳어버리는 사람이 있다. 이런 사람은 본래 자신의 자연스러움을 캐내어 밖으로 드러내 놓아야 한다. 이것이 어려운 것인데 자신의 자연스러운 대화를 수시로 녹음해서 자신의 스타일을 자신이 익혀야 한다. 그리고 원고를 읽고 딱딱하게 굳어버리는 연설과 비교해 보아야 한다.

자연스러움은 가장 편안한 것이지만 가장 익히기 어려운 작업이다.

● 자, 내가 친구와 만나 이야기를 나누는 것에서 가족과의 대화나 여러 사람들과 만났을 때 인사하고 이야기하는 일련의 것들을 습관적으로 녹음해서 들어보자. 포켓용 녹음기도 많기 때문에 얼마든지 자신이 의식하지 않아도 쉽게 녹음할 수 있다. 녹음을 하고 난 후 무엇을 들어야 하는지가 중요하다.

● 우선 내가 말한 것을 받아 적어본다. 마치 원고 작성하듯이 말이다. 그러니까 선 말하기 후 원고가 되는 것이다. 내가 녹취한 원고를 보면서 내가 말한 녹음을 다시 틀어 듣는다.

● 이때 원고와 녹음을 번갈아 가면서 비교하는데 말하는 속도를 체크하고 어느 부분에서 내가 쉬었는지, 그리고 듣기에 불분명한 발음은 없었는지, 소리의 크고 약함의 변화가 있었는지 단조로웠는지, 속도는 어땠는지를 반드시 체크해야 한다.

● 그리고 연설할 원고를 읽어 녹음해 본다.

● 연설한 녹음을 듣고 대화할 때의 자연스러움과 철저히 비교분석해야 한다.

● 왜 딱딱한지, 어느 부분에서 어색했는지, 왜 말하듯이 안 들리는
지, 속도는 둘과 비교해서 어떤지, 목소리 톤은 어떠한 지, 쉬어
가면서 읽고 있는지 등을 다시 한 번 체크해야 한다.

● 자연스러움이 어디에서 나오는지 비교가 되었다면 연설원고에
메모해서 항상 볼 수 있게 해둔다.

● 그리고 메모해 둔 것을 실천하려 하면서 거울을 보고 연습해야
한다.

● 무조건적인 연습은 시간낭비일 수 있다. 요령을 알고 내가 주안
점으로 둬야 할 점이 무엇인지를 알고 연습하는 것과는 천양지
차이기 때문이다.

반드시 말하듯이 읽어야만 하는 곳이 라디오 방송이다. TV는
시각적으로 관심을 빼앗기기 때문에 소리에는 그렇게 민감하지
않다. 그러나 라디오는 오로지 소리와의 싸움이기 때문에 숨소
리 하나라도 다 잡힐 수 있다. 그렇기 때문에 라디오 방송인으
로서 자연스러움은 최상의 과제이다.

처음에 음악프로그램을 맡았을 때 딱딱하다는 평가 때문에 얼
마나 스트레스를 받았는지 모른다. 그리고 눈에 띄게 발전하는
모습이 보이지 않는다는 데에 큰 실망감에 휩싸이기도 했다.

"부장님, 어떡하죠? 자연스럽지가 않아요. 제가 나중에 녹음해서 들어 봐두요."

"바로 이거야. 너, 지금 이렇게 나한테 이야기하듯이 방송에서 말하란 말이야."

"네? 지금 이렇게 말하듯이요?"

그날 이후 나는 누구와 만나 이야기를 해도 이것이 방송에서라면? 하는 물음표를 항상 마음에 담게 되었다. 하지만 쉽게 발전되지는 않았다. 그래서 시도해 본 것이 내 나름대로 대화했을 때의 분위기를 만들어 보자는 것이었다.

스튜디오에서 방송할 때 마치 커피숍에서 친구와 대화를 한 듯한 분위기 말이다. 커피를 한 잔 들고 들어가서 마이크를 친구삼아 말해보기도 했다. 아니면 다리를 다른 의자에 뻗고 마치 내 집 안방에 앉아 있는 듯한 편안함을 만들어 보려고도 했다. 또 스튜디오 안의 조명을 낮추고 마치 카페에 앉아 있는 듯한 분위기도 내보았다.

● 가장 확실한 것은 내가 읽을 원고를 작성할 때 글자와 글자 사이, 위 문장과 아래 문장 사이를 시원시원하게 띄어 써 놓는 것이다. 그래야 내가 필요한 점을 표시할 수 있어 좋고 쉽게 눈에 띄기 때문에 필요하다. 띄어 읽어야 할 곳을 분명히 표시해야 하고 발음상 주의해야 할 단어에 동그라미도 쳐 놓아야 하고 강조

해야 할 곳은 큰소리로 해야 한다고 표시하라.

 변화와 집중을 항상 생각하라

대화를 하는 도중 음성의 높낮이는 듣는 사람의 귀와 가슴에 말이 얼마만큼 파고들 수 있느냐를 가름하는 잣대가 된다. 듣기에 유쾌하다. 변화가 없으면 말이라고 할 수 없을 만큼 가치가 없다. 귀에 안 들어오기 때문이다.

말하거나 연설을 할 때 강조할 문장에서는 크고 느리게 힘주어 말해 보는 것이다. 그리고 강조할 문단 앞뒤로 약간의 끊어 읽기를 주고 쉬어간다. 그러면 강조할 문장이 부각되어 들릴 수 있다.

말의 속도 역시 시종일관 같아서는 금방 졸게 된다. 우리가 고속도로에서 운전해 보면 금방 이해할 수 있을 것이다. 똑같은 속도로 평평한 도로를 운전하는 것은 속도감각도 없이 졸음이 쏟아지기 쉽다. 말 역시 그렇다. 빠르게 치닫다가 약하게 쭉 내려올 때도 있고 하는 변화가 있어야 한다. 김용옥의 강의는 극과 극을 달린다. 졸 기회를 안 줄 정도로 거센 파도처럼 사뭇 거칠다. 이러한 변화들을 원한다면 몸동작, 손동작 등이 함께 동원되어야 한다. 더 큰 효과를 볼 것이다.

자, 만일 어떤 단어에 대해 초등학교 저학년인 어린아이가 그 뜻을 물어왔을 때를 상상해 보자. 어린아이들은 '왜?' 가 강하다. 설명해

줘도 또 '왜?' 하기 일쑤다.

자 그랬을 때 지극히 상식적인 단어를 물어왔을 때 정확히 이해할 수 있도록 답변을 해줘야 하는데 이것이 더 힘들다는 것은 어린아이를 키워본 경험으로 알 것이다. 이랬을 때 어떻게 풀어서 설명해 줄 수 있는지 자신을 타진해 보라. 어린아이가 들어서 아주 쉽게 이해할 수 있을 만큼 쉽게.

연설도 이런 식으로 해야 한다. 아주 쉽게. 사람은 무언가 절실하게 전달하고 싶은 말이 있다면 막힘없이 말하게 된다.

그리고 막힘없이 말하고 부연설명으로라도 제 아무리 무식한 사람도 이해시키려는 의지는 바로 자신의 집중력에서 나온다. 말할 때 우리의 머리는 집중하면서 힘을 모을 수도 있지만 사방팔방으로 흩어질 수도 있다. 결과는 무척 다르다.

돋보기로 종이를 태울 그런 집중력을 가져야 한다. 청중은 그것의 파장을 전달받고 감동받는다.

방송출연에서 잘 말하기

리더로서 방송출연의 기회가 있을 수 있다. 아니 꼭 리더가 아니어도 이제는 많은 대중들도 방송과 그리 멀지 않다. 거리를 지나가다가도 인터뷰를 할 수도 있다. 뉴스나 기타 다른 프로그램을 보아도 일반 시민의 인터뷰 내용이 많은 수를 차지하고 있다.

리더로서 프로그램에서 인터뷰를 하거나 대담을 하는 것은 시민인터뷰와는 질적인 면에서 많이 차이가 있다. 시간도 많이 할애될 뿐 아니라 자신의 이름을 자주 거론하면서 이야기를 하기 때문에 시청자나 청취자는 인물에 대한 이미지를 강하게 받을 수 있기 때문이다. 방송은 오락의 도구라고 일단 생각해야 한다. 제 아무리 시사적인 이야기를 하더라도, 국제적인 안보의 문제를 다루는 일이라도 청취자의 호기심과 관심을 끌

지 못한다면 금방이라도 채널을 돌릴 수 있
는 손가락이 있기에 외면당하기 쉽다.

부드럽고 자연스러우면서 알기 쉽게 설명
을 해줘야 한다. 그리고 약간의 위트와 유
머는 출연자 섭외에 가장 큰 이유가 될 것
이다.

출연자로서 방송에 임해야 할 때는 그야
말로 물 샐 틈 없는 철저한 준비를 해야 한
다. 연설과 비교하자면 연설은 일방적인 나
의 말을 쏟아 붓는 것일 수도 있으나 방송대
담은 처음부터 끝까지 질문과 응답이기 때
문이다. 이때의 질의응답은 청문회와는 또
다르다. 사회자가 물어오는 질문에 빠짐없
이 사실을 털어놓아야 할 의무는 없다. 그냥
말하고 싶은 만큼만 말하되 이 점에 관한 한

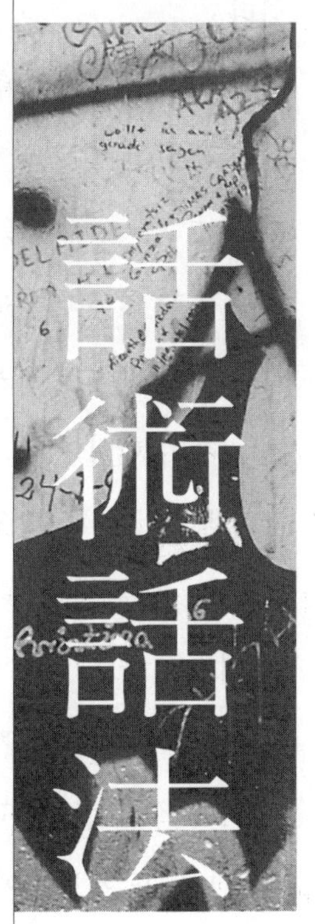

나만한 전문가는 없다라는 식의 프로다운 면은 풍겨줘야 한다. 바로 이 점이 출연자의 노련함이다. 그러나 말을 해야 할 대목이라고 생각되면 있는 그대로 사실 그대로 말해줘야 옳다. 방송이란 매체는 전파를 타고 전국에 구석구석까지 파고들어가기 때문에 어디에서 누가 들을지 알 수 없다. 그렇기 때문에 너무 전문적인 용어로만 이야기해서도 안 되고 누구나 알고 있는 당연한 말을 실없이 늘어놓아도 안 된다.

들었을 때 "아하, 그런 점도 있구나."라고 할 만한 참신성이 있어야 한다.

그리고 듣는 사람이 들었을 때 바로 내 옆에서 나에게 설명해 주듯이 따뜻함이 깃들고 친절함이 배어 있어야 한다. 이때 입을 크게 열지 않고 입 속에서 웅얼웅얼하면 자칫 거만해 보일 수 있다. 발음상 가장 좋지 않은 버릇이기도 하다.

입을 열 때는 되도록 크게 열고 힘 있는 소리로 열정을 느낄 수 있게 말해야 한다.

매체상 TV와 라디오는 전혀 다르다. 하지만 출연자로서 방송에 임할 때는 같은 마음가짐이면 된다. 목소리와 어투 그리고 보디랭귀지나 제스처 등은 나의 스피치에 영향을 주기 때문에 내 모습이 보이든 안 보이든 결과는 크게 다르지 않다.

'나는 지금 편안하다. 어떤 질문이라도 친근하게 대답할 수 있다.'라는 마인드 컨트롤이 강하게 필요하다. 자꾸 되내어야 한다. 편하다

편하다 하면 정말 편해진다.

　내가 아는 M교수는 모 방송국 시사프로그램에 전화연결로 대담하기로 약속이 되어 있었다. 미리 섭외를 해두는 방송사 입장에서는 그렇게 스케줄을 잡고 준비를 해 왔을 것이나 이 M교수는 지금 당장의 일이 아니니까 까맣게 잊어 버리게 된 것이다. 더구나 라디오 프로그램이다 보니 시간적 압박감도 없었다.

　보통의 시사프로그램이 그렇듯이 아침 6시 30분쯤부터 8시까지가 시사시간대로 편성이 되어 있는 셈이라 라디오라 하더라도 최소한 아침 일찍 일어나 잠은 깨어 있어야 한다. 그 교수는 당시 프로그램 진행자가 자신의 고등학교 후배였다는 술회도 덧붙였다. 아마도 그런 이유로 해서 그렇게 큰 부담을 갖지는 않았던 것 같다. 그러던 중 전날 술을 잔뜩 먹고 세상 모르고 자고 있는데 전화가 왔다. "안녕하세요? 교수님 오늘 전화 출연하는 거 알고 계시죠? 몇 분 후에 연결하겠습니다."라는 청천벽력 같은 소리가 울려나왔다. 아직도 술이 덜 깨고 잠도 덜 깨고 엉망진창인 채였지만 칼날같이 정확한 생방송의 특성상 여지없이 방송과 연결이 되었다.

　"네. 오늘은 현대의 정치광고에 대한 말씀을 M교수님과 연결해 듣는 시간을 마련하겠습니다. M교수님!"

　"…"

　"네. M교수님?"

"음. 음. 나요. 오늘 방송 출연이라구? 나 몰랐지. 음냐 음냐(확실히 술이 덜 깬 목소리였다)"

이게 이게 무슨 말인가? 스태프진과 진행자는 돌연 급박한 긴장 상태로 돌입했다.

침착한 진행자는 다시 말을 이었다.

"네. 오늘 만나기로 했습니다. 교수님. 오늘 주제에 대해 한 말씀 해주시죠."

"그게 그게 말이지요…"로 시작된 그의 연설은 너무나 살아 있는 그 자체였다. 평소 경상도 사투리가 더욱 굴절되어 음폭은 마치 파도 타기 같았다. 비록 혀가 굴려지고 소리도 거글 거글 가래가 끓고 간간히 터져 나오는 딸꾹질도 한 몫을 했을지언정 바로 옆에서 열변을 토하는 소리는 거칠고 힘센 '생생한 야생초' 바로 그 자체였다. 꾸밈 없고 진솔하기가 이루 말할 수 없을 만큼의 완벽한 진술이었으며 방송이라고 체면치레도 없었고 비난하고 싶은 것도 마구 토해버리는 통쾌함 같은 것을 보여줬기 때문이었다.

"아. 오늘 교수님의 말씀 잘 들었습니다."

"아. 그래요? 그럼 이따가 만나자. 이따 봐." 이것이 M교수의 클로징이 되었다.

그 즉시 곧바로 쓰러져 다시 잠에 떨어졌다는 M교수. 프로그램이 끝나고 많은 칭찬의 전화들이 줄을 이었다고 한다. 너무 시원했다,

솔직한 말이었다는 등의. 그러나 땀을 닦으며 나오는 진행자는 아마도 십년감수했을 것이다.

 방송 전에 따뜻한 물로 목을 적셔라

방송출연은 누구에게나 긴장감을 준다. 전문 방송인에게도 그렇고 처음 출연하는 사람에게 밀려드는 두려움과 긴장은 태산과 같이 느껴질 것이다. 긴 호흡을 깊게 여러 번 하는 것이 필요하다. 마음의 긴장을 호흡으로 달래야 하기 때문이다. 그리고 긴장하면 목이 건조해지고 탄다. 그야말로 속이 탄다. 이럴 때 따뜻한 물을 조금씩 여러 번 마셔서 목을 축여 준다. 그래도 안 되면 방송 15분 전쯤에 목캔디를 먹어도 좋다. 이런 것들은 목을 부드럽게 해주는데 더러는 커피를 마시는 경우도 보인다. 그러나 커피나 우유, 탄산음료 같은 것은 절대 피해야 한다. 탄산에서 나오는 가스가 '프악!' 하고 터져 나오기도 하고 탄산이 아니어도 순간 트름이 '트르륵' 하고 튀어나올 수 있기 때문이다.

가만히 앉아서 마인드 컨트롤을 해서라도 긴장감을 늦춰야 한다.

가능하면 시간을 넉넉히 잡아서 진행자와 미리 입을 맞춰보는 것도 좋은 방법이다. 스태프진과 둘러앉아 방송시간을 기다릴 때 간단한

일상대화로 분위기를 편하게 해두면 좋다. 우스운 이야기로 한바탕 호탕하게 웃고 들어가는 것도 좋다. 서로의 긴장감을 위해 무슨 말이라도 지껄여야겠다는 마음가짐을 가져라.

 준비된 자료 활용하기

대개는 작가가 미리 질문내용을 보내줄 경우가 많다. 이러이러한 내용의 진행상황이라고 알려주는 의미이기도 하고 사전에 어떤 답변을 준비하라는 뜻에서이기도 하다. 간혹 완벽주의자들은 철두철미한 준비성이 습관화되어 있어서 기가 막히게 깔끔하게 논문식의 완전한 답변을 작성해 온다. 완벽한 준비에 감탄은 하지만 방송에서의 결과는 전혀 다르게 나타날 수 있다. 그것은 해봐야 아는 것.

큐 사인이 나고 진행자의 질문이 시작된다. 그러면 주어진 질문에 대한 준비된 답변을 읽느라 출연자의 시선은 원고를 뚫어져라 보며 입은 쉬지 않는다. 그런데 방송에서의 진행자는 그 상황에 맞게 순간 떠오르는 질문을 할 경우가 많다. 그도 그럴 것이 사람 간의 말이라는 것은 하다보면 갑자기 궁금한 것이 떠오를 때도 있고 맞장구 쳐줄 상황도 생기기 마련이어서 이런 현상은 지극히 당연한 것이고 방송인으로서 권장할 일이다. 어떤 진행자는 이러한 자연스러운 대화를 위해 종이에 구구절절 질문내용을 쓰지 않고 대신 짤막한 단어로 메모하듯 써서 갖고 들어가기도 한다.

예를 들어 1. 김 선생님은 언제부터 이 분야에 헌신하겠다고 결심하셨나요?, 2. 어떤 동기가 있으셨을 거라 생각이 드는데요. 어떠세요? 등.

이렇게 진행되어 나가는 질문서를

1. 언제 시작, 2. 동기, 3. 어려웠던 점 등

그렇게 되면 이미 만들어진 문장에서 자유워지고 출연자와 시선을 맞추며 이야기하는 가운데 새롭게 생각나는 단어나 문장을 구사할 수 있는 여유가 생긴다. 그랬을 때 더욱 풍성하고 살아 있는 진행이 된다.

이러한 과정으로 진행자는 큰 줄거리에서 파생되는 어떠한 질문도 불쑥 물어볼 수 있는 문제다.

한 번은 스튜디오에 출연자를 모시고 하는 인터뷰프로그램을 할 때였다. 사회의 저명한 학자로서 평소에 존경하던 분을 모시고 방송을 한다는 것 자체에 나 자신부터 설레였다. 그러나 막상 방송을 시작하면서 이분이 나무토막처럼 얼어붙는 것이 아닌가.

쳐다보며 눈을 맞추는 것은 고사하고 얼굴도 굳고 시선은 원고에 파묻어 버리는 것이었다. 이미 정해진 답변만 그야말로 책 읽듯 어색

하게 시간이 가고 있었다. 그와 유사한 질문인데 약간 단어 몇 마디만 바꿨을 뿐이어서 그리 당황하진 않으시겠거니 했는데 이분은 내가 말한 질문이 원고에 없다며 얼굴이 울그락 불그락 당황하기 시작했다. 질문을 하고 답변을 기다리는데 계속해서 원고만 뒤적거리느라 마이크를 통해 종이 구겨지는 소리만 요란하게 나가고 있었다.

　겨우 겨우 방송을 끝내고 나오니까 그분은 역시 똑같은 질문이 없어서 어디를 읽어야 할지 몰랐노라고 하였다.

　원고 작성에 있어서 조금은 느슨한 그래서 언어의 자유로운 구사를 꾀할 수 있게 해야 하고 또 그러한 연습이 필요하다.

가림출판사 · 가림M&B · 가림Let's에서 나온 책들

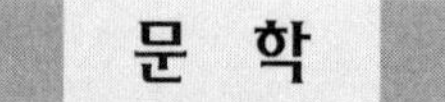

바늘구멍
켄 폴리트 지음 · 홍영의 옮김

미국 추리작가 협회의 최우수 장편상을 받은 초유의 베스트 셀러로 전쟁을 통한 두뇌싸움을 치밀하고 밀도 있게 그려낸 추리소설. 신국판 / 342쪽 / 5,300원

레베카의 열쇠
켄 폴리트 지음 · 손연숙 옮김

최고의 모험, 폭력, 음모 그리고 미국적인 열정 속에 담긴 두 남녀의 사랑이야기를 독자들의 상상을 뒤엎는 확실한 긴장감으로 마지막까지 흥미진진한 켄 폴리트의 장편 추리소설.
신국판 / 492쪽 / 6,800원

암병선
니시무라 쥬코 지음 · 홍영의 옮김

암병선을 무대로 인간생명의 존엄성을 지키기 위해 불의와 맞서는 시라도리 선장의 꿋꿋한 의지와 애절한 암환자들의 심리가 생생하게 묘사된 근래 보기드문 걸작.
신국판 / 300쪽 / 4,800원

첫키스한 얘기 말해도 될까
김정미 외 7명 지음

이 시대의 젊은 작가 8명이 가슴속 깊이 간직했던 나만의 소중한 이야기를 살짝 털어놓은 상큼한 비밀 이야기.
신국판 / 228쪽 / 4,000원

사미인곡 上 · 中 · 下
김충호 지음

파란만장한 일생을 보낸 정철의 생애를 통해 난세를 살아가는 우리에게 삶의 지혜와 기쁨을 선사하는 대하 역사 소설.
신국판 / 각 권 5,000원

이내의 끝자리
박수완 스님 지음

앞만 보고 살아가는 우리에게 자신을 뒤돌아볼 수 있는 여유를 갖게 해주는 승려시인의 가슴을 울리는 주옥 같은 시집.
국판변형 / 132쪽 / 3,000원

너는 왜 나에게 다가서야 했는지
김충호 지음

세상에 대한 사랑의 아픔, 그리움, 영혼에 대한 고뇌를 달래야 했던 시인이 살아 있는 영혼을 지닌 이들에게 전하는 사랑의 메시지. 국판변형 / 124쪽 / 3,000원

세계의 명언
편집부 엮음

위인이나 유명인들의 글, 연설문 혹은 각 나라에서 전해져 오는 속담을 통하여 지난날을 되새겨보는 백과전서로서, 오늘을 반성하는 교과서로서, 그리고 미래를 설계하는 참고서로서 역할을 해줄 것이다. 신국판 / 322쪽 / 5,000원

여자가 알아야 할 101가지 지혜
제인 아서 엮음 · 지창국 옮김

남녀가 함께 살면서 경험으로 터득한 의미심장하면서도 재미 있는 조언들을 발췌한 내용으로 독신의 삶을 청산하려는 이들이 알아야 할 유용하고 상상력 풍부한 힌트로 가득찬 감동의 메시지이다. 4 · 6판 / 132쪽 / 5,000원

현명한 사람이 읽는 지혜로운 이야기
이정민 엮음

현대를 살아가는 우리들에게 삶의 가치를 부여해주고 자기 성찰의 기회를 갖게 해준다. 신국판 / 236쪽 / 6,500원

성공적인 표정이 당신을 바꾼다
마츠오 도오루 지음 · 홍영의 옮김

자신뿐만 아니라 주위 사람들의 마이너스 사고를 플러스 사고로 바꾸어서 사람의 마음을 움직이며, 그리고 사람의 마음에 남는 최고의 웃는 얼굴을 만드는 비법 총망라!
신국판 / 240쪽 / 7,500원

태양의 법
오오카와 류우호오 지음 · 민병수 옮김

불법 진리 사상의 윤곽과 그 목적 · 사명을 명백히 함으로써 한 사람 한사람의 인간이 깨달음을 추구하고 영적으로 깨우치기 위한 명확한 방향을 제시하였다. 신국판 / 246쪽 / 8,500원

영원의 법
오오카와 류우호오 지음 · 민병수 옮김

일찍이 설해졌던 적도 없고 앞으로도 설해지지 않을 구원의 진리를 한 권의 책에 이론적 형태로 응축한 기본 삼법의 완결편.
신국판 / 240쪽 / 8,000원

석가의 본심
오오카와 류우호오 지음 · 민병수 옮김
석가모니의 사고방식을 현대인들에 맞게 써 현대인들이 친근
하게 석가모니에게 다가설 수 있게 한 불교 가이드서.

신국판 / 246쪽 / 10,000원

옛 사람들의 재치와 웃음
강형중 · 김경익 편저

옛 사람들의 재치와 해학을 통해 한문의 묘미를 터득하고 한자
를 재미있게 배우며 유머감각까지 높일 수 있는 일석삼조의 효
과 만점. 신국판 / 316쪽 / 8,000원

지혜의 쉼터
쇼펜하우어 지음 · 김충호 엮음

쇼펜하우어의 철학체계를 통하여 풍요로운 삶의 지혜를 얻고
기쁨을 얻을 수 있도록 꾸며 놓은 철학이야기.
4 · 6판 양장본 / 160쪽 / 4,300원

헤세가 너에게
헤르만 헤세 지음 · 홍영의 엮음

순수한 애정과 자유를 갈구하는 헤세의 아름다운 세상을 통한
깨끗한 정신세계를 공유할 수 있는 기회를 제공.
4 · 6판 양장본 / 144쪽 / 4.500원

사랑보다 소중한 삶의 의미
크리슈나무르티 지음 · 최윤영 엮음

금세기 최고의 사상가이자 철학자인 크리슈나무르티가 인간의
정신적 사고의 구조와 본질을 규명하여 인간의 삶에 대한 가장
완벽한 해답을 제시. 신국판 / 180쪽 / 4,000원

장자-어찌하여 알 속에 털이 있다 하는가
홍영의 엮음

동양 사상의 저변에 흐르고 있는 자연에의 경외감을 유감없이
표현한 장자를 통하여 인간 본연의 자세로 돌아가 나를 돌아보
는 계기를 만들어 주는 책. 4 · 6판 / 180쪽 / 4,000원

논어-배우고 때로 익히면 즐겁지 아니한가
신도희 엮음

인간에게 필요불가결한 윤리와 도덕생활의 교훈들을 평이한
문체로 광범위하게 집약한 논어의 모든 것!!
4 · 6판 / 180쪽 / 4,000원

맹자-가까이 있는데 어찌 먼 데서 구하려 하는가
홍영의 엮음

반성과 자책을 통해 잃어버린 양심을 수습하고 선으로 복귀할
것을 천명하는 맹자 사상의 집대성!! 4 · 6판 / 180쪽 / 4,000원

아름다운 세상을 만드는 사랑의 메시지 365
DuMont monte Verlag 엮음 / 정성호 옮김

독일에서 출간 이후 1백만 권 이상 판매된 베스트셀러. 특별히
소중한 사람을 행복하게 만드는 독창적인 사랑고백법 365가지
를 수록한 마음이 따뜻해지는 책. 4 · 6판 변형 / 240쪽 / 8,000원

황금의 법
오오카와 류우호오 지음 · 민병수 옮김

불법진리의 연구 및 공부를 통하여 종교적 깨달음의 깊이를 더
해 주는 불서 신국판 / 320쪽 / 11,000원

건 강

식초건강요법
건강식품연구회 엮음 · 신재용 (해성한의원 원장) 감수

가장 쉽게 구할 수 있고 경제적인 식품이면서 상상할 수 없을
정도로 뛰어난 약효를 지닌 식초의 모든 것을 담은 건강지침
서! 신국판 / 224쪽 / 6,000원

아름다운 피부미용법
이순희 (한독피부미용학원 원장) 지음

피부조직에 대한 기초 이론과 우리 몸의 생리를 알려줌으로써
아름다운 피부, 젊은 피부를 오래 유지할 수 있는 비결 제시!
신국판 / 296쪽 / 6,000원

버섯건강요법
김병각 외 6명 지음

종양 억제율 100%에 가까운 96.7%를 나타내는 기적의 약용버
섯 등 신비의 버섯을 통하여 암을 치료하고 비만, 당뇨, 고혈
압, 동맥경화 등 각종 성인병 예방을 위한 생활 건강 지침서!
신국판 / 286쪽 / 8,000원

성인병과 암을 정복하는 유기게르마늄
이상현 편저 · 캬오 샤오이 감수

최근 들어 각광을 받고 있는 새로운 치료제인 유기게르마늄을
통한 성인병, 각종 암의 치료에 대해 상세히 소개.
신국판 / 312쪽 / 9,000원

난치성 피부병
생약효소연구원 지음

현대의학으로도 치유불가능했던 난치성 피부병인 건선 · 아토
피(태열)의 완치요법이 수록된 건강 지침서.
신국판 / 232쪽 / 7,500원

新 방약합편
정도명 편역

자신의 병을 알고 증세에 맞춰 스스로 처방을 할 수 있고 조제
할 수 있는 보약 506가지 수록. 신국판 / 416쪽 / 15,000원

자연치료의학
오홍근 (신경정신과 의학박사 · 자연의학박사) 지음

대한민국 최초의 자연의학박사가 밝힌 신비의 자연치료의학으
로 자연산물을 이용하여 부작용 없이 치료하는 건강 생활 비법
공개!! 신국판 / 472쪽 / 15,000원

약초의 활용과 가정한방
이인성 지음

주변의 흔한 식물과 약초를 활용하여 각종 질병을 간편하게 예
방 · 치료할 수 있는 비법제시. 신국판 / 384쪽 / 8,500원

역전의학
이시하라 유미 지음 · 유태종 감수

일반상식으로 알고 있는 건강상식에 대해 전혀 새로운 관점에
서 비판하고 아울러 새로운 방법들을 제시한 건강 혁명 서적!!
신국판 / 286쪽 / 8,500원

이순희식 순수피부미용법
이순희(한독피부미용학원 원장) 지음

자신의 피부에 맞는 관리법으로 스스로 피부관리를 할 수 있는 방법을 제시하고 책 속 부록으로 천연팩 재료 사전과 피부 타입별 팩 고르기. 신국판 / 304쪽 / 7,000원

21세기 당뇨병 예방과 치료법
이현철(연세대 의대 내과 교수) 지음

세계 최초 유전자 치료법을 개발한 저자가 당뇨병과 대항하여 가장 확실하게 이길 수 있는 당뇨병에 대한 올바른 이론과 발병시 대처 방법을 상세히 수록! 신국판 / 360쪽 / 9,500원

신재용의 민의학 동의보감
신재용(해성한의원 원장) 지음

주변의 흔한 먹거리를 이용하여 신비의 명약이나 보약으로 활용할 수 있는 건강 지침서로서 저자가 TV나 라디오에서 다 밝히지 못한 한방 및 민간요법까지 상세히 수록!!
신국판 / 476쪽 / 10,000원

치매 알면 치매 이긴다
배오성(백상한방병원 원장) 지음

B.O.S.요법으로 뇌세포의 기능을 활성화시키고 엔돌핀의 분비 효과를 극대화시켜 증상에 맞는 한약 처방을 병행하여 치매를 치유하는 획기적인 치유법 제시. 신국판 / 312쪽 / 10,000원

21세기 건강혁명 밥상 위의 보약 생식
최경순 지음

항암식품으로, 다이어트식으로, 젊고 탄력적인 피부를 유지할 수 있게 해주는 자연식으로의 생식을 소개하여 현대인들의 건강 길라잡이가 되도록 하였다. 신국판 / 348쪽 / 9,800원

기치유와 기공수련
윤한홍(기치유 연구회 회장) 지음

누구나 노력만 하면 개발할 수 있고 활용할 수 있는 기 수련 방법과 기치유 개발 방법 소개. 신국판 / 340쪽 / 12,000원

만병의 근원 스트레스 원인과 퇴치
김지혁(김지혁한의원 원장) 지음

만병의 근원인 스트레스를 속속들이 파헤치고 예방법까지 속시원하게 제시!! 신국판 / 324쪽 / 9,500원

김종성 박사의 뇌졸중 119
김종성 지음

우리나라 사망원인 1위. 뇌졸중 분야의 최고 권위자인 저자가 일상생활에서의 건강관리부터 환자간호에 이르기까지 뇌졸중의 예방, 치료법 등 모든 것 수록. 신국판 / 356쪽 / 12,000원

탈모 예방과 모발 클리닉
장정훈 · 전재홍 지음

미용적인 측면과 우리가 일상적으로 고민하고 궁금해 하는 털에 관한 내용들을 다양하고 재미있게 예들을 들어가면서 흥미롭게 풀어간 것이 이 책의 특징. 신국판 / 252쪽 / 8,000원

구태규의 100% 성공 다이어트
구태규 지음

하이틴 영화배우의 다이어트 체험서.
저자만의 다이어트법을 제시하면서 바람직한 다이어트에 대해서도 알려준다. 건강하게 날씬해지고 싶은 사람들을 위한 필독서! 4 · 6배판 변형 / 240쪽 / 9,900원

암 예방과 치료법
이춘기 지음

암환자와 가족들을 위해서 암의 치료방법에서부터 합병증의 예방 및 암이 생기기 전에 알 수 있는 방법에 이르기까지 상세하게 해설해 놓은 책. 신국판 / 296쪽 / 11,000원

알기 쉬운 위장병 예방과 치료법
민영일 지음

소화기관인 위와 관련 기관들의 여러 질환을 발병 원인, 증상, 치료법을 중심으로 알기 쉽게 해설해 놓은 건강서.
신국판 / 328쪽 / 9,900원

이온 체내혁명
노보루 야마노이 지음 · 김병관 옮김

새로운 건강관리 이론으로 주목을 받고 있는 음이온을 통해 건강을 돌볼 수 있는 방법 제시. 신국판 / 272쪽 / 9,500원

어혈과 사혈요법
정지천 지음

침과 부항요법 등을 사용하여 모든 질병을 다스릴 수 방법과 우리 주변에서 흔하게 접할 수 있는 각 질병의 상황별 처치를 혈자리 그림과 함께 해설. 신국판 / 308쪽 / 12,000원

약손 경락마사지로 건강미인 만들기
고정환 지음

경락과 민족 고유의 정신 약손을 결합시킨 약손 성형경락 마사지로 수술하지 않고도 자신이 원하는 부위를 고치는 방법을 제시하는 건강 미용서. 4×6배판 변형 / 284쪽 / 15,000원

정유정의 LOVE DIET
정유정 지음

널리 알려진 온갖 다이어트 방법으로 살을 빼려고 노력했던 저자의 고통스러웠던 다이어트 체험담이 실려 있어 지금 살 때문에 고민하는 사람들이 가슴에 와 닿는 나만의 다이어트 계획을 나름대로 세울 수 있을 것이다. 4×6배판 변형 / 196쪽 / 10,500원

머리에서 발끝까지 예뻐지는 부분다이어트
신상만 · 김선민 지음

한약을 먹거나 침을 맞아 살을 빼는 방법, 아로마요법을 이용한 다이어트법, 운동을 이용한 부분비만 해소법 등이 실려 있으므로 나에게 맞는 방법을 선택해 날씬하고 예쁜 몸매를 만들 수 있을 것이다. 4×6배판 변형 / 196쪽 / 11,000원

알기 쉬운 심장병119
박승정 지음

서울아산병원 심장 내과에 있는 저자가 심장병에 관해 심장질환이 생기는 원인, 증상, 치료법을 중심으로 내용을 상세하게 해설해 놓은 건강서. 신국판 / 248쪽 / 9,000원

알기 쉬운 고혈압119
이정균 지음

생활 속의 고혈압에 관해 일반인들이 관심을 가지고 예방할 수 있도록 고혈압의 원인, 증상, 합병증 등을 상세하게 해설해 놓은 건강서. 신국판 / 304쪽 / 10,000원

여성을 위한 **부인과질환 예방과 치료**
차선희 지음

남들에게는 말할 수 없는 증상들로 고민하고 있는 여성들을 위해 부인암, 골다공증, 빈혈 등 부인과질환을 원인 및 치료방법을 중심으로 설명한 여성건강 정보서.　신국판 / 304쪽 / 10,000원

교　육

우리 교육의 창조적 백색혁명
원상기 지음

자라나는 새싹들이 기본적인 지식과 사고를 종합적 · 창조적으로 발전시켜 창조적인 사고능력을 배양할 수 있도록 한 교육지침서.　신국판 / 206쪽 / 6,000원

육아아이디어 263
생활컨설턴트그룹 엮음 · 한양심 옮김

세상에서 가장 예쁘고 소중한 우리 아기에게 언제나 여유로우면서도 무슨 일이든 척척 처리하는 현명한 신세대 엄마가 되기 위한 최신 육아 정보 수록!　신국판 / 318쪽 / 6,000원

현대생활과 체육
조창남 외 5명 공저

각종 현대병의 원인과 예방 및 운동요법에 대한 이론과 요즘 각광받는 골프 · 스키 · 볼링 등의 레저스포츠 총망라한 생활체육 총서.　신국판 / 340쪽 / 10,000원

퍼펙트 MBA
IAE유학네트 지음

기존의 관련 도서들과는 달리 Top MBA로 가는 길을 상세하고 완벽하게 수록. 가장 완벽하고 충실한 최신 정보 제공.
신국판 / 400쪽 / 12,000원

유학길라잡이 Ⅰ -미국편
IAE유학네트 지음

미국의 교육제도 및 유학을 가기 위해서 준비해야 할 절차, 미국 현지 생활 정보, 최신 비자정보 등을 한눈에 볼 수 있는 유학길잡이.　4 · 6배판 / 372쪽 / 13,900원

유학길라잡이 Ⅱ - 4개국편
IAE유학네트 지음

영어권 국가인 영국 · 캐나다 · 호주 · 뉴질랜드의 현지 정보 · 교육제도 및 각 국가별 학교의 특화된 교육내용 완전 수록!!
4 · 6배판 / 348쪽 / 13,900원

조기유학길라잡이.com
IAE유학네트 지음

영어권으로 나이 어린 자녀를 유학보내기 위해 준비중인 학부모 및 준비생들이 반드시 읽어야 할 필독서!!
영어권 나라의 교육제도 및 학교별 데이터를 완벽하게 수록하여 유학정보서의 질을 한 단계 상승시킨 결정판!!
4 · 6배판 / 428쪽 / 15,000원

현대인의 건강생활
박상호 외 5명 공저

현대인들의 건강한 삶을 위한 사회체육의 중요성을 강조. 건강과 체력 증진을 위한 기본상식, 노인과 건강 등 이론과 스쿼시 · 스키 · 윈드 서핑 등 레저스포츠 등의 실기편으로 이루어진 알찬 내용 수록.　4 · 6배판 / 268쪽 / 15,000원

천재아이로 키우는 두뇌훈련
나카마츠 요시로 지음 · 민병수 옮김

머리가 좋은 아이로 키우기 위한 환경 만들기, 식사, 운동 등 연령별 두뇌 훈련법 소개.　국판 / 288쪽 / 9,500원

취미 · 실용

김진국과 같이 배우는 **와인의 세계**
김진국 지음

포도주 역사에서 분류, 원료 포도의 종류와 재배, 양조 · 숙성 · 저장, 시음법, 어울리는 요리와 와인의 유통과 소비, 와인시장의 현황과 전망, 와인 판매 요령, 와인의 보관과 재고의 회전, '와인 양조 비밀의 모든 것'을 동영상으로 제작한 CD까지, 와인의 모든 것이 담긴 종합학습서.
국배판 변형양장본(올 컬러판) / 208쪽 / 30,000원

CEO가 될 수 있는 성공법칙 101가지
김승룡 편역

또 한 번의 경제위기를 겪고 있는 우리의 현실을 극복하고 일어설 수 있는 리더로서의 역할과 책임에 대한 명확한 해답을 제시해줄 것이다.   신국판 / 320쪽 / 9,500원

정보소프트
김승룡 지음

홍수처럼 쏟아지는 정보를 수집 · 분석하여 효과적으로 활용하는 방법을 총망라한 정보 전략 완벽 가이드!!
신국판 / 324쪽 / 6,000원

기획대사전
다카하시 겐코 지음 · 홍영의 옮김

기획에 관련된 모든 사항을 실례와 도표를 통하여 초보자에서 프로기획맨에 이르기까지 효율적으로 활용할 수 있도록 체계적으로 총망라하였다.   신국판 / 552쪽 / 19,500원

맨손창업 · 맞춤창업 BEST 74
양혜숙 지음

창업대행 현장 전문가가 추천하는 유망업종을 7가지 주제별로 나누어 수록한 맞춤창업서로 창업예비자들에게 창업의 길을 밝혀줄 발로 뛰면서 만든 실무 지침서!!   신국판 / 416쪽 / 12,000원

무자본, 무점포 창업! FAX 한 대면 성공한다
다카시로 고시 지음 · 홍영의 옮김

완벽한 FAX 활용법을 제시하여 가장 적은 자본으로 창업하려는 예비자들에게 큰 투자를 필요로 하지 않으면서 성공을 이끌어주는 길라잡이가 되는 실무 지침서.   신국판 / 226쪽 / 7,500원

성공하는 기업의 인간경영
중소기업 노무 연구회 편저 · 홍영의 옮김

무한경쟁시대에서 각 기업들의 다양한 경영 실태 속에서 인사 · 노무 관리 개선에 있어서 기업의 효율을 높이고 발전을 이룰 수 있는 원칙을 제시.   신국판 / 368쪽 / 11,000원

21세기 IT가 세계를 지배한다
김광희 지음

21세기 화두로 떠오른 IT혁명의 경쟁력에 대해서 전문가의 논리적이고 철저한 해설과 더불어 매장 끝까지 실제 사례를 곁들여 설명.   신국판 / 380쪽 / 12,000원

경제기사로 부자아빠 만들기
김기태 · 신현태 · 박근수 공저

날마다 배달되는 경제기사를 꼼꼼히 챙겨보는 사람만이 현대생활에서 부자가 될 수 있다. 언론인의 현장감각과 학자의 전문성을 접목시킨 것이 이 책의 특성! 누구나 이 책을 읽고 경제원리를 체득, 경제예측을 할 수 있게 준비된 생활경제서적.
신국판 / 388쪽 / 12,000원

포스트 PC의 주역 정보가전과 무선인터넷
김광희 지음

포스트 PC의 주역으로 급부상하고 있는 정보가전과 무선인터넷 그리고 이를 구현하기 위한 관련 테크놀러지를 체계적으로 소개.   신국판 / 356쪽 / 12,000원

성공하는 사람들의 마케팅 바이블
채수명 지음

최근의 이론을 보완하여 내놓은 마케팅 관련 실무서. 마케팅의 정보전략, 핵심요소, 컨설팅실무까지 저자의 노하우와 창의적인 이론이 결합된 마케팅서.   신국판 / 328쪽 / 12,000원

느린 비즈니스로 돌아가라
사카모토 게이이치 지음 · 정성호 옮김

미국식 스피드 경영에 익숙해져 현실의 오류를 간과하고 있는 사람들을 위한 어떻게 팔 것인가보다 무엇을 팔 것인가를 차분히 설명하는 마케팅 컨설턴트의 대안 제시서!

신국판 / 276쪽 / 9,000원

적은 돈으로 큰돈 벌 수 있는 부동산 재테크
이원재 지음

700만 원으로 부동산 재테크에 뛰어들어 100배 불린 저자가 부동산 재테크를 계획하고 있는 사람들이 반드시 알아두어야 할 내용을 경험담을 담아 해설해 놓은 경제서.
신국판 / 340쪽 / 12,000원

바이오혁명
이주영 지음

21세기 국가간 경쟁부문으로 새로이 떠오르고 있는 바이오혁명에 관한 기초지식을 언론사에 몸담고 있는 현직 기자가 아주 쉽게 해설해 놓은 바이오 가이드서. 바이오 관련 용어 해설 수록.   신국판 / 328쪽 / 12,000원

두뇌혁명
나카마츠 요시로 지음 · 민병수 옮김

『뇌내혁명』 하루야마 시게오의 추천작!!
어른들을 위한 두뇌 개발서로, 풍요로운 인생을 만들기 위한 '뇌'와 '몸' 자극법 제시.   4 · 6판 양장본 / 288쪽 / 12,000원

성공하는 사람들의 자기혁신 경영기술
채수명 지음

자기 계발을 통한 신지식 자기경영마인드를 갖추어야 한다는 전제 아래 그 방법을 자세하게 알려주는 자기계발 지침서.
신국판 / 344쪽 / 12,000원

CFO
교텐 토요오 · 타하라 오키시 지음 / 민병수 옮김

일반인들에게 생소한 용어인 CFO. 세계화에 발맞추어 기업이 경쟁력을 갖추려면 CFO, 즉 최고 재무책임자의 역할이 지금까지와는 완전히 달라져야 한다. 이에 기업을 이끌어가는 새로운 키잡이로서의 CFO의 역할, 위상 등을 일본의 기업을 중심으로 하여 알아보고 바람직한 방향을 제시한다.
신국판 / 312쪽 / 12,000원

네트워크시대 네트워크마케팅
임동학 지음

학력, 사회적 지위 등에 관계 없이 자신이 노력한 만큼 돈을 벌 수 있는 네트워크마케팅에 관해 알려주는 안내서.
신국판 / 376쪽 /12,000원

성공리더의 7가지 조건
다이앤 트레이시 · 윌리엄 모건 지음 / 지창영 옮김

개인과 팀, 조직관계의 개선을 위한 방향제시 및 실천을 위한
안내자 역할을 해주는 책. 현장에서 활용할 수 있는 실용서.
신국판 / 360쪽 /13,000원

주 식

개미군단 대박맞이 주식투자
홍성걸(한양증권 투자분석팀 팀장) 지음

초보에서 인터넷을 활용한 주식투자까지 필자의 현장에서의
경험을 바탕으로 한 주식 성공전략의 모든 정보 수록.
신국판 / 310쪽 / 9,500원

알고 하자! 돈 되는 주식투자
이길영 외 2명 공저

일본과 미국의 주식시장을 철저한 분석과 데이터화를 통해 한
국 주식시장의 투자의 흐름을 파악함으로써 한국 주식시장에
서의 확실한 성공전략 제시!! 신국판 / 388쪽 / 12,500원

항상 당하기만 하는 개미들의 매도 · 매수타이밍 999% 적중 노하우
강경무 지음

승부사를 꿈꾸며 와신상담하는 모든 이들에게 희망의 등불이
될 것을 확신하는 Jusicman이 주식시장에서 돈벌고 성공할 수
있는 비결 전격공개!! 신국판 / 336쪽 / 12,000원

부자 만들기 주식성공클리닉
이창희 지음

저자의 경험담을 섞어서 주식이란 무엇인가를 풀어서 써놓은
주식입문서. 초보자와 자신을 성찰해볼 기회를 가지려는 기존
의 투자자를 위해 태어났다. 신국판 / 372쪽 / 11,500원

선물 · 옵션 이론과 실전매매
이창희 지음

선물과 옵션시장에서 일반인들이 실패하는 원인을 분석하고,
반드시 지켜야 할 투자원칙에 따라 유형별로 실전 매매 테크닉
을 터득함으로써 투자를 성공적으로 할 수 있게 한 지침서!!
신국판 / 372쪽 / 12,000원

너무나 쉬워 재미있는 주가차트
홍성무 지음

주식시장에서는 차트 분석을 통해 주가를 예측하는 투자자만
이 주식투자에서 성공하므로 차트에서 급소를 신속, 정확하게
뽑아내 매매타이밍을 잡는 방법을 알려주는 주식투자 지침서.
4 · 6배판 / 216쪽 / 15,000원

역 학

역리종합 만세력
정도명 편저

현존하는 만세력 중 최장 기간을 수록하였으며 누구나 이 책을
보고 자신의 사주를 쉽게 찾아보고 맞춰 볼 수 있게 하였다.
신국판 / 532쪽 / 10,500원

작명대전
정보국 지음

독자들 스스로 작명할 수 있도록 한글 소리 발음에 입각한 작명의
원리를 밝힌 길라잡이서. 신국판 / 460쪽 / 12,000원

하락이수 해설
이천교 편저

점서학인 하락이수를 직역으로 풀어 놓아 원작자의 깊은 뜻을
원형 그대로 전달하고 원문을 공부하려는 사람들에게 도움이
되는 해설서이다. 신국판 / 620쪽 / 27,000원

현대인의 창조적 관상과 수상
백운산 지음

관상학을 터득하여 적절히 운명에 대처해 나감으로써 어느 분
야에서든지 성공적인 삶을 누릴 수 있는 비법을 전해줄 것이
다. 신국판 / 344쪽 / 9,000원

대운용신영부적
정재원 지음

수많은 역사와 신비로운 영험을 지닌 1,000여 종의 부적과 저
자가 수십 년간 연구 · 개발한 200여 종의 부적들을 집대성한
국내 최대의 영부적이다. 신국판 양장본 / 750쪽 / 39,000원

사주비결활용법
이세진 지음

컴퓨터와 역학의 만남!! 운명의 숨겨진 비밀을 꿰뚫어 보는 신
녹현사주 방정식의 모든 것을 수록. 신국판 / 392쪽 / 12,000원

컴퓨터세대를 위한 新 성명학대전
박용찬 지음

이름 속에 운명을 바꾸는 비결이 있다. 태어난 아기 이름은 물
론 개명 · 상호 · 아호 짓는 법까지 사람이 살아가면서 필요한
모든 이름 짓기가 총망라되어 각자의 개성과 사주에 맞게 이름
을 짓는 작명비법을 수록. 신국판 / 388쪽 / 11,000원

길흉화복 꿈풀이 비법
백운산 지음

길몽과 흉몽을 구분하여 그림과 함께 보기 쉽게 엮었으며, 특
히 요즘 신세대 엄마들에게 관심이 많은 태몽이 여러 가지로
자세하게 풀이되어 있다. 신국판 / 410쪽 / 12,000원

새천년 작명컨설팅
정재원 지음

혼자 배워야 하는 독자들도 정말 이해하기 쉽도록 구성된 신세
대 부모를 위한 쉽고 좋은 아기 이름만들기의 결정판.
신국판 / 470쪽 / 13,000원

백운산의 **신세대 궁합**
백운산 지음

남녀궁합 보는 법뿐만 아니라 인간관계, 출세, 재물, 자손문제,
건강문제, 성격, 길흉관계 등을 미리 규명할 수 있도록 쉽게 풀
어놓았다.   신국판 / 304쪽 / 9,500원

동자삼 작명학
남시모 지음

최초의 한글 성명학으로 한글의 독창성 · 우수성 · 과학성을 운
명철학 차원에서 검증한, 한국사람에게 알맞은 건물명 · 상
호 · 물건명 등의 이름을 자신에게 맞는 한글이름으로 지을 수
있는 작명비법을 제시한다.   신국판 / 496쪽 / 15,000원

구성학의 기초
문길여 지음

방위학의 모든 것을 통하여 개인의 일생운 · 결혼운 · 사고운 ·
가정운 · 부부운 · 자식운 · 출세운을 성공적으로 이끄는 비법
공개.   신국판 / 412쪽 / 12,000원

법률 일반

여성을 위한 성범죄 법률상식
조명원(변호사) 지음

성희롱에서 성폭력범죄까지 여성이었기 때문에 특히 말 못하
고 당해야만 했던 이 땅의 여성들을 위한 성범죄 법률상식서.
사례별 법적 대응방법 제시.   신국판 / 248쪽 / 8,000원

아파트 난방비 75% **절감방법**
고영근 지음

예비역 공군소장이 잘못 부과된 아파트 난방비를 최고 75%까
지 줄일 수 있는 방법을 구체적인 법적 근거를 토대로 작성한
아파트 난방비 절감방법 제시.   신국판 / 238쪽 / 8,000원

일반인이 꼭 알아야 할 절세전략 173선
최성호(공인회계사) 지음

세법을 제대로 알면 돈이 보인다.
현직 공인중계사가 알려주는 합법적으로 세금을 덜 내고 돈을
버는 절세전략의 모든 것!   신국판 / 392쪽 / 12,000원

변호사와 함께하는 부동산 경매
최환주(변호사) 지음

새 상가건물임대차보호법에 따른 권리분석과 채무자나 세입자
의 권리방어기법은 제시한다, 또한 새 민사집행법에 따른 각

사례별 해설도 수록.   신국판 / 404쪽 / 13,000원

혼자서 쉽고 빠르게 할 수 있는 소액재판
김재용 · 김종철 공저

나홀로 소액재판을 할 수 있도록 소장작성에서 판결까지의 실
제 재판과정을 상세하게 수록하여 이 책 한 권이면 모든 것을
완벽하게 해결할 수 있다.   신국판 / 312쪽 / 9,500원

"술 한 잔 사겠다"는 말에서 찾아보는 채권 · 채무
변환철 지음

일반인들이 꼭 알아야 할 채권 · 채무에 관한 법률 사항을 빠짐
없이 수록.   신국판 / 408쪽 / 13,000원

알기쉬운 부동산 세무 길라잡이
이건우 지음

부동산에 관련된 모든 세금을 알기 쉽게 단계별로 해설. 합리
적이고 탈세가 아닌 적법한 절세법 제시.

신국판 / 400쪽 / 13,000원

알기쉬운 어음, 수표 길라잡이
변환철(변호사) 지음

어음, 수표의 발행에서부터 도난 또는 분실한 경우의 공시최고
와 제권판결에 이르기까지 어음, 수표 관련 법률사항을 쉽고도
상세하게 압축해 놓은 생활법률서.   신국판 / 328쪽 / 11,000원

제조물책임법
강동근 · 윤종성 공저

제품의 설계, 제조, 표시상의 결함으로 소비자가 피해를 입었
을 때 제조업자가 배상책임을 져야 하는 제조물책임 시대를 맞
아 제조업자가 갖춰야 할 법률적 지식을 조목조목 설명해 놓은
법률서.   신국판 / 368쪽 / 13,000원

생활법률

부동산 생활법률의 기본지식
대한법률연구회 지음 · 김원중 감수

부동산관련 기초지식과 분쟁해결을 위한 노하우, 테크닉을 제
시하고 권두 특집으로 주택건설종합계획과 부동산 관련 정부
주요 시책을 소개하였다.   신국판 / 480쪽 / 12,000원

고소장 · 내용증명 생활법률의 기본지식
하태웅 지음

스스로 고소 · 고발장을 작성할 수 있도록 예문과 서식을 함께
소개. 또 민사소송에 대해서도 자세하게 설명.
신국판 / 440쪽 / 12,000원

聽 **이익이 되는 말** 話 **손해가 되는 말**
우메시마 미요 지음 · 정성호 옮김

상호 교류감이 있는 대화가 인생과 비즈니스를 성공으로 이끈
다. 직장이나 집안에서 언제나 주고받는 일상의 화제를 모아
실음으로써 대화의 참의미를 깨닫고 비즈니스를 성공적으로
이끌기 위한 대화술을 키우는 방법 제시!!
신국판 / 304쪽 / 9,000원

성공하는 사람들의 **화술테크닉**
민영욱 지음

개인간의 사적인 대화에서부터 대중을 위한 공적인 강연에 이
르기까지 어떻게 말하고 어떻게 스피치를 할 것인가에 관한 지
침서. 신국판 / 320쪽 / 9,500원

부자들의 생활습관 가난한 사람들의 생활습관
다케우치 야스오 지음 · 홍영의 옮김

경제학의 발상을 기본으로 하여 사람들이 살아가면서 생활에
서 생각해 볼 수 있는 이익을 보는 생활습관과 손해를 보는 생
활습관을 수록, 독자 자신에게 맞는 생활습관의 기본 전략을
설계할 수 있도록 제시. 신국판 / 320쪽 / 9,800원

코끼리 귀를 당긴 원숭이-히딩크식 창의력을 배우자
강충인 지음

코끼리와 원숭이의 우화를 히딩크의 창조적 경영기법과 리더
십에 대비하여 자기혁신, 기업혁신을 꾀하는 창의력 개발법을
제시. 신국판 / 208쪽 / 8,500원

성공하려면 유머와 위트로 무장하라
민영욱 지음

21세기에 들어 새로운 추세를 형성하고 있는 말 잘하기. 이러
한 추세에 맞추어 현재 스피치 강사로 활약하고 있는 저자가
말을 잘하는 방법과 유머와 위트를 만들고 즐기는 방법을 제시
한다. 신국판 / 292쪽 / 9,500원

등소평의 오뚝이전략
조창남 편저

중국 역사상 정치 · 경제 · 학문 등의 분야에서 최고 위치에 오
른 리더들의 인재활용, 상황 극복법 등 처세 전략 · 전술을 통
해 이 시대의 성공인으로 자리매김하는 해법 제시.
신국판 / 304쪽 / 9,500원

노무현 화술과 화법을 통한 이미지 변화
이현정 지음

현재 불교방송에서 활동하고 있는 이현정 아나운서의 화술 길
라잡이서. 노무현 대통령의 독특한 화술과 화법을 통해 리더로
서, 성공인으로서 갖추어야 할 화술 화법을 배우는 화술 실용
서. 신국판 / 320쪽 / 10,000원

명 상

명상으로 얻는 깨달음
달라이 라마 지음 · 지창영 옮김

티베트의 정신적 지도자이자 실질적 지도자인 달라이 라마의
수많은 가르침 가운데 현대인에게 필요해지고 있는 인내에 대
한 이야기. 국판 / 320쪽 / 9,000원

어 학

2진법 영어
이상도 지음

영어학습의 대혁명!!
2진법 영어의 비결을 통해서 기존 영어학습 방법의 단점을 말
끔히 해소시켜 주는 최초로 공개되는 고효율 영어학습 방법.
적은 시간을 투자하여 영어의 모든 것을 획기적으로 향상시킬
수 있는 비법을 제시한다. 4 · 6배판 변형 / 328쪽 / 13,000원

한 방으로 끝내는 영어
고제윤 지음

일상생활에서의 이야기를 바탕으로 하는 영어강의로 영어문법
은 재미없고 지루하다고 생각하는 이 땅의 모든 사람들의 상식
을 깨면서 학습 효과를 높이기 위한 공부방법을 제시하는 새로
운 영어학습서.
이 책으로 영어문법을 마스터하여 영어의 벽을 뛰어넘도록 하
자. 신국판 / 316쪽 / 9,800원

한 방으로 끝내는 영단어
김승엽 지음 / 김수경 · 카렌다 감수

일상생활에서 우리가 무심코 던지는 영어 한마디가 당신의 영
어수준을 드러낸다는 사실을 깨닫게 하는 영어 실용서. 풍부한
예문을 통해 참영어를 배우겠다는 사람, 무역업이나 관광 안내
업에 종사하는 사람, 영어권 나라로 이민을 가려는 사람들에게
많은 도움을 줄 것이다. 4 · 6배판 변형 / 236쪽 / 9,800원

테마별 고사성어로 익히는 한자
김경익 지음

세글자, 네글자로 이루어진 고사성어를 통해 실용한자를 익히
고 성어 속에 담긴 의미도 오늘에 맞게 재해석 해보는 한자 학
습서 4 · 6배판 변형 / 248쪽 / 9,800원

해도해도 안 되던 영어회화 하루에 30분씩 90일이면 끝낸다
Carrot Korea 편집부 지음

온라인과 오프라인을 넘나들면서 영어학습자들의 각광을 받고
있는 린다의 현지 생활 영어 수록. 교과서에서 배울 수 없었던
생생한 실생활 영어를 90일 학습으로 모두 끝낼 수 있다.
4 · 6배판 변형 / 260쪽 / 15,000원

바로 활용할 수 있는 기초생활영어
김수경 지음

다양한 상황에 대처할 수 있도록 인사나 감정 표현, 전화나 교
통, 장소 및 기타 여러 사항에 관한 기초생활영어를 총망라.
신국판 / 240쪽 / 10,000원

스포츠

수열이의 브라질 축구 탐방 삼바 축구, 그들은 강하다
이수열 지음

축구에 대한 관심만으로 각 나라의 축구팀, 특히 브라질 축구
팀에 애정을 가지고 브라질 축구팀의 전력 및 각 선수들의 장
단점을 나름대로 분석하고 연구하여 자신의 의견을 피력하고
있는 축구 길라잡이서. 신국판 / 280쪽 / 8,500원

마라톤, 그 아름다운 도전을 향하여
빌 로저스 · 프리실라 웰치 · 조 헨더슨 공저 / 오인환 감수 / 지
창영 옮김

마라톤에 입문하고자 하는 초보 주자들을 위한 마라톤 가이드
서. 올바르게 달리는 법, 음식 조절법, 달리기 전 준비운동, 주
자에게 맞는 프로그램 짜기, 부상 예방법을 상세하게 설명하고
있다. 4 · 6배판 / 320쪽 / 15,000원

퍼팅 메커닉
이근택 지음

감각에 의존하는 기존 방식의 퍼팅은 이제 그만!!
저자 특유의 과학적 이론을 신체근육 운동학에 접목시켜 몸의
무리를 최소한으로 덜고 최대한의 정확성과 거리감을 갖게 하
는 새로운 퍼팅 메커닉 북.
4 · 6배판 변형 / 192쪽 / 18,000원

노무현 화술과 화법을 통한
이미지 변화

2003년 4월 10일 제1판 1쇄 발행

지은이/이현정
펴낸이/강선희
펴낸곳/가림출판사

등록/1992. 10. 6. 제4-191호
주소/서울시 광진구 구의동 57-71 부원빌딩 4층
대표전화/458-6451   팩스/458-6450
홈페이지 http://www.galim.co.kr
e-mail galim@galim.co.kr

값 10,000원

ⓒ 이현정, 2003

ISBN 89-7895-136-8 13320

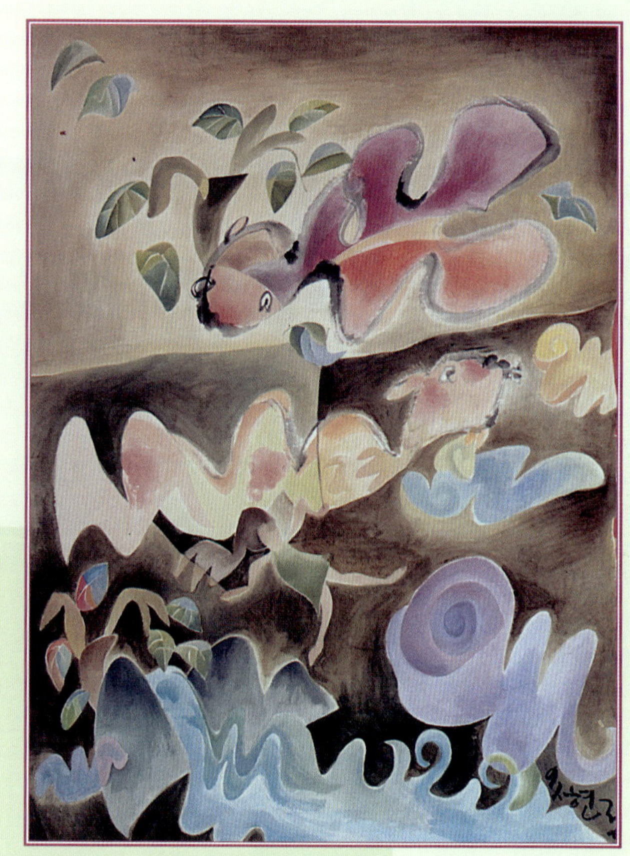

>>자 연 인

배접지에 채색.
1991년 작. 80호.

물고기가 날아다니고 그 아래 나무와 계곡이 조그맣게 구석 지어져 있다. 그 중간에 사람이 구름과 함께 붕붕 떠다닌다.

자연에 우열이란 있을 수 없다. 우리는 자연의 일부일 뿐 지배하는 존재는 아니다. 오히려 미약한 존재일 뿐이다.

부드러운 채색으로 보다 긍정적인 자연의 어우러짐을 그려보고자 했다. 더불어 자유로운 나의 마음의 유희를 작게나마 누려보고자 했다.